어디에서 살까

• 일러두기

이 책은 『경향신문』 기획 기사 '절반의 한국' 시리즈를 청소년을 위해 다시 쓴 책입니다.
『경향신문』 기획 기사 '절반의 한국'은 제375회 '이달의 기자상' 기획보도 신문·통신 부문을 수상했습니다.

다음 세대를 위한 탈서울 안내서

# 어디에서 살까

배문규·최민지 글

전지 그림

너머학교

# 차례

들어가는 말

내가 거쳐 온 장소들은 지난 시기의 흔적을 담고 있습니다. 내가 머무는 장소를 삶의 터전이라고 말하기도 합니다. 시간이 흐르는 순간순간 나의 삶이 담기는 그릇이지요.

여러분은 고향이 어디인가요? 태어난 동네에 계속 살기도 하지만, 학교나 일자리 때문에 다른 지역으로 이사를 하기도 합니다. 작은 마을에서 큰 도시로 이사하거나 큰 도시 안에서 사는 곳을 옮겨 가는 경우가 많죠.

최근 '지방 소멸'이라는 말이 뉴스나 신문에 자주 등장하고 있습니다. 서울 바깥 지역에서 인구가 줄어들며 마을의 기능과 형태를 유지하는 일이 어려워진다는 얘기입니다. 내가 태어나 자란 동네가 사라질 수도 있다는 것이죠.

이미 인구는 감소하기 시작했습니다. 통계청 '장래인구 추계 자료'에 따르면 2020년 국내 총인구는 5,184만 명으로 정점을 찍고, 2021년부터 감소세로 돌아섰습니다. 이는 통계청이 이전에 예측한 인구 감소 시점보다 8년이나 앞당겨진 것으로, 2070년에는 3,766만 명으로 줄어들 것이라는 전망이 나왔습니다.

정부에서도 손을 놓고 있는 것은 아닙니다. 2021년 행정안전

부에서는 인구가 자꾸 줄어들어 소멸 위기에 처한 전국 시군구 89곳을 '인구 감소 지역'으로 지정해 발표했습니다. 지역별로는 전남과 경북이 16곳으로 가장 많았고, 강원(12곳), 경남(11곳), 전북(10곳), 충남(9곳), 충북(6곳)이 뒤를 이었습니다. 충격적인 사실은 제2의 도시인 부산(3곳)을 비롯해 대구(2곳), 수도권인 경기(2곳)·인천(2곳)에도 인구 감소 지역이 있었다는 겁니다.

인구 감소의 이유는 여러 가지입니다. 가장 직접적으로는 저출생 때문입니다. 남성과 여성 모두 처음 결혼하는 나이가 많아지고 있어요. 초혼 연령이 높아지면 첫아기의 출산도 늦어져 낮은 출생률로 이어지게 됩니다. 아직도 여성들이 일과 육아를 같이 하기엔 쉽지 않은 환경도 큰 문제입니다. 요즘은 일자리를 구하기 힘들뿐더러 직장 생활도 힘들고, 집값도 너무 비싸졌어요.

최근에는 인구 감소 문제를 저출생 대책만으로 해결하기 어렵다는 목소리가 커지고 있습니다. 지방 소멸이 심각해지면서 문제의 근본 원인으로 '수도권 집중' 현상이 지목되고 있습니다. 대학에 진학하거나 일자리를 얻기 위해 지방에서 수도권으로 사람들이 몰리면서 경쟁이 치열해지고, 안정적인 생활이 어려워져 결혼과 출산을 포기하는 경우가 많아지고 있다는 것이죠. 지방은 사람이 떠나면서 인구가 줄고, 서울을 포함한 수도권은 치열한 경쟁으로 아이를 낳지 못해 나라 전체의 인구가 감소하는 악순환이 벌어진다는 겁니다.

2019년 사상 처음으로 수도권 인구가 대한민국 인구의 절반을 넘어섰습니다. 2019년 말 기준 전체 인구가 5,184만 9,861명인데 2,592만 5,799명(50.002%)이 국토 면적의 11.8%인 수도권에 살고 있는 거지요. 경제 집중은 더욱 심해서 2020년 지역내총생산(GRDP) 수도권 비중은 52.1%에 달했습니다.

사실 서울과 그 주변에 사는 친구들은 지방 소멸이라는 말이 쉽게 와 닿지 않을 거예요. 지금도 사람이 너무 많아서 아침저녁으로 정신이 없을 테니까요. 오히려 지금의 과밀 상태가 해소되면 살기 좋아질 거라고 생각하는 친구들도 있겠지요.

하지만 서울이 언제까지 번화할 수 있을까요. 서울이 지방의 인구를 블랙홀처럼 빨아들이고 있지만, 지방 소멸이 가속화하면 서울로 유입되는 인구도 어느 순간 감소하게 될 거예요. 그 끝에는 무엇이 기다리고 있을까요. 결국 서울도 쇠퇴하고, 한국도 소멸하는 암울한 미래입니다.

이러한 파국을 막기 위해 2000년대 들어 '국가 균형 발전' 정책이 등장했습니다. 전국 곳곳을 골고루 발전시켜 살기 좋게 만들려는 정책입니다. 여러분도 행정수도 건설이나 공공 기관 이전에 대한 뉴스를 어렴풋이 들어 봤을 거예요. 하지만 수도권 집중 현상은 심화되고 있어 이전과 다른 대책이 필요한 상황입니다.

지방 출신 한 청년은 서울을 '나쁜 심장'이라고 표현했습니다.

"심장이 펌프질을 해 피를 온몸에 내보내야 하는데 머금고만 있는 것 같아요. 순환이 안 되니 지방 발전은 더디죠."

서울은 다양한 일자리와 기회들이 있지만, 그만큼 경쟁이 치열하고 생활이 팍팍합니다. 비수도권은 환경이 좋고 생활비도 상대적으로 적게 들지만, 그만큼 먹고살 거리가 부족한 것도 현실입니다.

여러분은 어느 곳에 살고 있나요? 사는 곳에 만족하고 있나요? 만족하지 못한다면 어떤 이유 때문인가요? 이 책에서는 수도권 집중 현상이 생겨난 원인을 함께 살펴보고, 문제를 해결할 방법에 대해 함께 고민해 보려고 합니다. 수도권으로 사람들이 몰리는 이유를 일자리, 생활 인프라, 부동산, 교육 등의 이슈로 폭넓게 살펴볼 거예요. 메가시티 구상 등 최근 주목받는 균형 발전 구상들도 담았습니다.

책을 읽으며 누구나 마음에 드는 곳에서 살아가려면 어떻게 해야 할지 고민하고 질문을 던져 보길 바랍니다.

# #1

# 우리는
# 어디에서
# 태어날까

서울은 넓다. 아홉 개의 구(區)에 가(街), 동(洞)이 대충 잡아서
380개나 된다. 동쪽으로는 청량리 너머로 망우리, 우이동
동북쪽으로는 의정부를 지척에 둔 수유리, 서쪽으로는 인천가도
중간의 영등포 끝, 동남쪽으로는 한강 너머의 천호동 너머,
서남쪽으로도 시흥까지 이렇게 굉장한 면적을 차지하고 있다.
그러나 이렇게 넓은 서울도 370만 명이 정작 살아 보면 여간
좁은 곳이 아니다. 가는 곳마다, 이르는 곳마다 꽉꽉 차 있다.
집은 교외에 자꾸 늘어서지만 연년이 자꾸 모자란다…….
-이호철, 『서울은 만원이다』, 1966년

1960년대 인기를 끌었던 이호철 소설가의 『서울은 만원이다』는
1950~1960년대 서울을 소설의 무대로 삼은 문학 작품입니다.
작가는 종로 북촌에 자리 잡은 서울 토박이, 해방촌에 무리 지어
사는 이북 피란민, 일자리를 찾아 서울로 올라온 상경민들이
삶의 용광로와 같은 서울에서 뒤섞여 사는 이야기를 그려
냈습니다. 당시에도 서울은 사람들이 몰려들어 정신이 없었나
봅니다.

해방 전후 100만 명 선을 유지하던 서울 인구는 6·25 전쟁
이후 팽창하기 시작합니다. 폭발적으로 늘어나는 인구를
수용하기 위해 수없이 많은 땅을 개발하고 외연을 확장했습니다.
허허벌판이던 강남이 오늘날의 빌딩 숲으로 변모했고,

경기도에는 열서너 개의 신도시가 들어섰습니다. 수도권 주택 보급률은 100%에 육박하지만, 여전히 집이 모자라다고 합니다. 집값과 전셋값 때문에 서울 밖으로 이사 간 사람들은 기회만 되면 서울로 돌아오려 합니다.

수도권 집중 현상을 정상이라고 할 수 있을까요. 이러한 집중이 계속된다면 어떻게 될까요. 우리가 해 봄 직한 질문은 이런 것입니다. "언제부터 서울에는 이렇게 사람이 몰렸을까?" 그리고 "왜 서울에만 이렇게 사람이 몰린 걸까?"

책을 읽어 가며 어떻게 문제를 해결해 나갈지, 저마다 마음에 드는 곳에서 살아가려면 어떻게 해야 할지 함께 생각해 보면 좋겠습니다.

# 우리는 어디에 살고 있을까

한반도의 면적은 22만 4,000km². 이 중 대한민국 정부가 실효 지배하고 있는 휴전선 남쪽 지역의 면적은 10만 412km²입니다. 이러한 국가의 영역을 효율적으로 관리하고, 주민들의 생활을 돕기 위해 행정 구역을 나누게 되는데요. 각각의 구역은 지역 주민들을 위해 대표들이 지역의 살림을 꾸려 나가는 지방자치단체(지자체)가 맡게 됩니다. 이러한 지자체는 넓은 구역을 다스리는 광역자치단체와 그 아래의 기초자치단체로 나뉩니다.

한 번쯤은 들어 본 단어일 거예요. 현재 대한민국의 광역자치단체는 서울특별시(1특별시), 부산광역시·대구광역시·인천광역시·광주광역시·대전광역시·울산광역시(6광역시), 세종특별자치시(1특별자치시), 제주특별자치도·강원특별자치도(2특별자치도), 경기도·경상남도·경상북도·전라남도·전라북도·충청남도·충청북도(7도) 등 17개가 있습니다. 기초자치단체는 75시, 82군, 69자치구가 있는데요. 시는 도의 관할 구역, 군은 광역시 혹은 도의 관할 구역, 자치구는 특별시와 광역시 안에 들어갑니다. 서울을 중심에 두고 서울(혹은 수도권) 바깥의 지역을 지방으로 표현하기도 해요.

눈여겨볼 지점은 지자체들의 인구와 면적입니다. 서울은 면적이 605.2km²에 불과하지만, 인구가 950만 명을 넘었습니다. 서울에 인천과 경기를 더한 수도권의 면적은 1만 1,856.7km²로 전 국토의 11.8%에 불과합니다. 하지만 2022년 1월 기준 인구는 2,603만 명이 넘어 비수도권 인구보다 42만 명가량 많습니다. 지역별 경제 규모는 이미 2015년부터 수도권이 나머지 시도를 합친 것보다도 많은 상황입니다. 일자리 기회, 문화 시설, 교육 기관, 의료 시설 등 삶의 대부분 영역에서 비좁은 수도권이 질과 양 모두 절반을 넘어선 상황입니다.

사실 서울은 조선 시대부터 수도였죠.

"지금 내가 죄인이 되어 너희들에게 아직은 시골에 숨어 살게 하였다만, 앞으로는 오직 서울의 10리 안에서만 살아야 한다. 또 만약 집안의 힘이 쇠락해 서울 한복판으로 깊이 들어갈 수 없다면 잠시 서울 근교에 살면서 과일과 채소를 심어 생활을 유지하다가 재산이 조금 불어나면 바로 도시 한복판으로 들어가도 늦지는 않다."

조선 후기 실학자 다산 정약용이 유배지에서 아들에게 보낸 편지라고 합니다. 다산은 천주교 박해 사건으로 집안이 몰락하고 18년 동안 유배를 떠나게 되는데요. 그는 편지를 통해 젊은 자식들의 교육을 이어 갔다고 합니다. '서울(한양) 입성'을 강조한 편지 내용이 흥미롭습니다. 당시에도 서울이 정치, 사회, 문화의 중심지였던 것이죠.

일제 강점기를 지나 해방 이후에는 어땠을까요. 20세기 들어 철도 교통이 발달하고, 비행기까지 교통수단으로 등장하며 이제 전국이 일일생활권 안에 들게 됐습니다. 서울에는 없는 커다란 공장과 기업들이 지방 곳곳에 자리 잡았고요. 시대별로 지역별 인구가 어떻게 변해 왔는지 함께 살펴보겠습니다.

## 우리는 어디에서 태어날까

2020년 인구 주택 총조사에 따르면 대한민국 인구는 5,183만 명이었습니다. 시도별 인구는 경기도 1,351만 2,000명(26.1%)으로 가장 많았고, 서울 958만 6,000명(18.5%), 부산 334만 9,000명(6.5%), 경남 333만 3,000명(6.4%) 순이었습니다.

서울시 인구는 1949년 144만 명에서 2020년 958만여 명으로 약 6.7배 성장했습니다. 1944년 이래 수도권 인구가 5.6배 증가한 것과 비교했을 때 서울의 인구는 비약적으로 늘어났습니다.

비수도권의 인구는 어떨까요. 해방 직후인 1949년 서울 인구의 비중은 7.1%, 수도권 인구 비중은 20.7%로 그렇게 높은 편은 아니었습니다. 비수도권에 사는 사람이 80%에 달한 것이죠.

하지만 수도권 비중은 1960년 20.8%(서울 9.8%), 1970년 28.2%(17.6%), 1980년 35.5%(22.3%), 1990년 42.8%(24.4%)

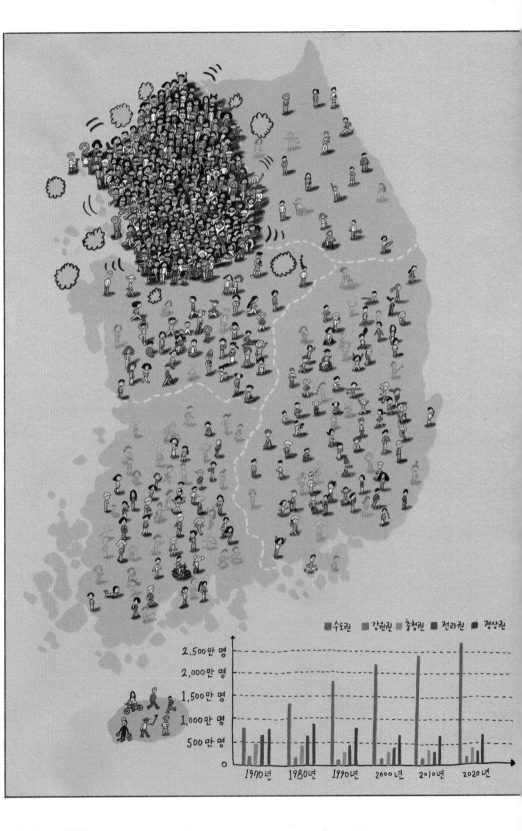

로 가파르게 늘어납니다. 서울 인구는 1990년 1,060만 명을 정점으로 점차 감소하는데요. 대신 경기도의 인구가 가파르게 늘어나기 시작합니다. 서울 인구가 지나치게 많아져 각종 부작용이 점점 심각해지자 서울을 둘러싼 경기도 곳곳에 신도시를 건설해 인구가 주변에 흩어지도록 한 것이죠. 사실상 서울의 팽창으로 봐야 합니다.

이러한 추세는 2000년대 들어 더욱 심해집니다. 수도권 인구는 2000년 2,135만 명(46.3%), 2005년 2,276만 명(48.2%), 2010년 2,383만 명(49.1%), 2015년 2,527만 명(49.5%)으로 꾸준히 늘다가 2019년 처음 50%를 넘고 2020년 기준 2,604만 3,000명으로 50.2%를 기록하고 있습니다. 경제협력개발기구 (OECD)에 속한 다른 나라들(영국 12.5%, 일본 28%)과 비교해도 수도권 집중도가 압도적입니다.

이러한 추세는 현재 진행형입니다. 2020년 기준 지난 1년간 인구가 가장 많이 증가한 시도는 경기도로 21만 1,000명이 늘었습니다. 웬만한 지방 도시 인구입니다. 반면 경북(-0.9%), 광주 (-0.8%), 대구(-0.8%), 울산(-0.7%), 부산(-0.7%), 대전 (-0.7%), 충남(-0.5%), 경남(-0.4%), 전북(-0.3%) 등 수도권 바깥 지역은 대부분 인구 감소 추세를 보였습니다.

이러한 인구 감소가 일시적인 현상이면 좋겠지만, 현실은 비관적입니다. 인구가 자꾸 줄면서 전국 행정 구역 절반이 '소멸 위험 지역'에 포함된 상황입니다. 228개 전국 시군구 중 소멸 위험 지역은 2017년 85곳, 2018년 89곳, 2019년 93곳, 2020년 105곳이었고, 2021년에는 106곳으로 전체의 46.5%였습니다. 더 큰 문제는 소멸 고위험 지역입니다. 2017년 7곳, 2018년 11곳, 2019년 16곳, 2020년 23곳에서 2021년에는 36곳으로 급증했습니다.

소멸 위험 지역은 지역별로 65세 이상 노인 대비 20~39세 여성의 비율을 따져 소멸위험지수를 산출한 뒤 분류합니다. 전국 시군구 가운데 소멸 위험도가 가장 높은 곳은 경북 군위였습니다. 경북 의성, 전남 고흥, 경남 합천, 경북 봉화, 경북 청송, 전남 신안, 경남 남해, 경북 청도 등이 그 뒤를 이었습니다. 광역자치단체별 소멸 고위험 시군은 전남(9곳), 경북(8곳), 경남(7곳), 전북(6곳), 충남·충북(각 3곳) 순으로 많았습니다.

소멸 위험 지역 대부분이 수도권 바깥의 지방이라는 점이 눈에 띕니다. 정부에서도 지역 인구 감소 위기가 심화되면서 2021년 처음으로 '인구 감소 지역'을 지정하고, 지원에 나서기로 했습니다. 정부에서 법적 근거를 마련해 맞춤형 정책을 추진한다는 것은 그냥 두고 볼 수 없을 정도로 문제가 심각하다는 의미도 되겠죠. 정부에서 인구 감소 지역으로 지정한 곳은 89곳이었는데요. 당시 사람들을 깜짝 놀라게 한 것은 비수도권 대도시인 부산(동구, 서구, 영도구), 대구(남구, 서구)가 포함됐다는 점입니다.

한국이 출생률 저하로 인구 절벽에 맞닥뜨렸다는 얘기를 들어 봤을 거예요. 그 와중에 지방은 인구가 더욱 빠르게 줄고 있다는 얘깁니다. 무엇이 수도권과 비수도권의 격차를 만들어 냈을까요. 지방의 인구가 줄어 '소멸'하는 지경에 이르러도 수도권은 계속해서 팽창할 수 있을까요? 대답은 '아니오.'입니다. 애초에 수도권의 팽창은 비수도권 인구의 유입 덕분에 가능했던 것입니다. 비수도권이 소멸하고 어느 순간 수도권으로 인구 유입이 그치게 된다면 그다음은 어떻게 될까요. 대한민국의 '공멸'입니다. 이 때문에 '균형 발전'이 최근 사회적인 화두로 떠오르고 있습니다. 수도권과 비수도권의 격차를 해결하지 못하면 수십 년 뒤에는 대한민국이 제대로 존립하기 어렵다는 공감대가 확산한 것입니다.

수도권과 지방의 불균형은 자연스러운 현상이 아닙니다. 해방 이후 2대 8이었던 수도권과 비수도권의 인구는 어쩌다 반반에 이르렀을까요.

## 산업화가 불러온 거대한 변화

근대 이전 큰 도시들의 흔적은 지명에서 찾아볼 수 있습니다. 이를테면 경기(京畿)라는 이름은 수도를 뜻하는 '서울 경(京)'과 수도의 주변 지역을 뜻하는 '경기 기(畿)'가 합쳐진 이름이죠. 충청(충주＋청주), 경상(경주＋상주), 전라(전주＋나주), 강원(강릉

+원주)과 같은 이름에서도 과거 거점 도시들이 어느 곳이었는지 알 수 있죠. 근대로 넘어오며 경제적, 정치적, 사회적 이유에 따라 큰 도시들이 바뀝니다.

일제 강점기에 한반도에서 인구순으로 가장 큰 도시는 서울(경성부)이었습니다. 경성 다음으로 큰 도시는 현재 북한의 수도인 평양(평양부)이었습니다. 세 번째 도시는 오늘날 대한민국 제2 도시인 부산(부산부)이었는데요. 부산은 조선의 첫 개항지였고 일본과 가깝다는 지리적 이점 때문에 급속히 성장합니다. 이어 서울과 가까운 항구 도시였던 인천(인천부)과 내륙의 상업 도시였던 대구(대구부)가 5대 도시로 꼽혔습니다. 오늘날 북한에 있는 청진, 흥남, 신의주, 원산, 함흥도 주요 도시로 꼽혔습니다.

일제 강점기 초기에는 군산·목포 등 남도 지방에 쌀 수출을 위한 항구가 구축되면서 도시들이 성장했고, 후기에는 일제가 전쟁을 일으키고 한반도 북부와 만주를 병참 기지로 만들면서 공업이 발달한 북부 지역으로 인구 이동이 활발해졌습니다. 해방 이후 곧바로 6·25 전쟁이 일어나면서 월남민이 크게 늘어납니다. 그 시절 먹고살기 힘들었던 많은 이들이 어떻게든 일자리가 있는 도시 지역으로 몰려들기 시작합니다.

서울 이외 지역에서는 6·25 전쟁 동안 임시 수도였고 최대 무역항이던 부산의 인구가 증가합니다. 본격적으로 산업화가 시작된 1960년대부터는 경제 발전을 위해 주요 성장 거점을 중심으로 하는 경제 개발이 추진됩니다. 쓸 수 있는 돈이 적은 상황에서 특정 지역에 집중 투자를 해 규모를 키우려고 한 것이죠. 한국은 수출 중심의 경제 성장 모델을 세웠기 때문에 서울과 부산을 잇는 교통망 개발에 관심을 두었고, 경부선과 경부고속도로가 지나는 지역들이 성장하게 됩니다. 지도에서 큰 도시들이 위치한 곳을 보면 교통망이 모여 있는 것을 확인할 수 있을 거예요.

1960년대 노동 집약적 경공업 위주로 산업화를 시작한 한국은 1970년대에 들어와 정부의 중화학 공업의 육성 정책에 따라 포항의 제철 공업과 울산의 조선, 석유 화학 등 대규모 산업 단지를 조성하게 됩니다. 동남부의 해안 지역에 자리 잡은 남동 임해 공업 지대입니다. 여기에 기존 대도시인 부산시와 현재 창원시로 합쳐진 마산·창원, 그리고 전라남도의 여수 석유 화학 단지와 광양 제철까지 이어진 광범위한 공업 단지가 형성됩니다. 각 지역은 특화된 산업을 중심으로 발달하게 되는데요. 포항과 광양은 제철·철강, 울산은 자동차·조선·석유 화학, 창원은 기계·금속, 거제는 조선, 여수는 석유 화학 등을 중심으로 발전했습니다.

하지만 이 지역의 경제력이 지나치게 커지면서 불균형 문제가 대두됩니다. 1980년대 들어 대도시 지역 공장 신설이 억제되고, 지방 분산 정책을 펼치며 속도 조절에 나섭니다. 전반적으로 1960년대부터 1990년대까지 중화학 산업을 중심으로 한 거점 개발이 빠르게 진행되면서, 경부선(서울-부산)과 경인선(서울-

인천) 지역과 그 인접 지역을 중심으로 경제 개발 혜택을 입은 곳들은 빠른 성장을 하게 됩니다. 반면 이들 지역에 해당하지 않는 곳들은 일자리 부족과 교통 불편으로 심각한 인구 유출이 발생합니다. 고향을 떠난 사람들이 일자리가 많은 수도권으로 몰려들면서 경제 개발과 도시 성장은 더욱 가속화됩니다. 몰려든 사람들 때문에 서울 주변에 분당, 일산과 같은 1기 신도시를 조성했고, 수도권과 비수도권의 격차는 더욱 벌어졌지요. 2000년대 서울 집중이 극심해지면서 '서울 공화국'이라는 말까지 등장하기에 이릅니다.

한국 사회의 핵심 모순으로 떠오른 지역 불평등은 어떤 우연한 역사적 사건의 결과이거나 시장 경제가 작동하는 과정에서 자연적으로 발생한 문제로만 볼 수 없습니다. 국가 정책을 통해 만들어진 결과이기도 합니다.

해방과 분단, 전쟁의 혼란 속에서 군사 쿠데타를 통해 집권한 박정희 정부는 경제 발전이라는 과제에 직면합니다. 북한과 전쟁 이후 강력한 국가를 건설해야 했고, 민주주의를 훼손한 상황에서 정권의 정당성을 확보해야 했습니다. 단기간에 빠른 성장을 달성하기 위해 박정희 정부는 선 성장-후 분배의 관점에서 불균형 발전 전략을 선택합니다. 모든 정책 수단을 동원해 제조업, 수출 대기업, 영남권, 수도권을 집중 육성하는 것이었습니다.

실제 박정희 정부 이후 한국 경제는 연평균 8~10%의 고속 성장을 20여 년 이상 지속할 수 있었습니다. 이러한 '불균형' 발전 전략으로 규모의 성장은 이루었지만, 그 이면에서 극심한 지역 불평등을 만들어 냈습니다. 거점 지역들을 성장시켜 파이를 키우면 주변 지역으로도 혜택이 돌아가는 '낙수 효과'나 '파급 효과'를 통해 불평등이 완화될 것으로 생각했지만, 기대만큼 혜택이 나눠지지 못한 것이죠.

물론 부존자원이 부족하고 경제 발전 수준이 낮은 개발 초기 단계에 많은 지역을 동시 발전시키는 것은 현실적으로 어렵습니다. 따라서 파급 효과가 큰 일부 선도 산업과 선도 지역을 먼저 육성하는 전략이 어느 정도 필요했다고 볼 수 있습니다. 그러나 경제 성장이 계속되는데도 선도 지역과 후발 지역 사이 격차가 확대되면서 오늘의 불균형에 이르게 된 것이죠.

또한 박정희 정부가 국가 주도 산업화를 추진하던 1960~1970년대 영남권과 수도권에 산업 단지와 중화학 공업을 집중적으로 배치한 것은 정치적 고려가 있다는 지적도 있습니다. 박정희 정부는 이 시기 전체 산업 단지 면적의 75%를 영남권에 배치했고, 10~20% 정도를 수도권에 배치했다고 합니다. 1970년대 초반 경제를 한 단계 도약시키는 중화학 공업 정책을 추진하면서 석유화학(울산), 철강(포항), 기계(창원), 비철금속(온산), 전자(구미), 조선(옥포) 등 6대 중화학 공업의 입지를 모두 영남권에 배치합니다. 나머지 지역은 배제된 것인데요.

당시 항만과 철도 등 기본 인프라가 잘 갖춰진 영남권과 수도권이 자원 배분의 효율성 측면에서 우월했기 때문이었습니다. 하지만 다른 입장에서는 군사 쿠데타로 집권한 박정희 정부가 정권의 취약한 정당성 문제를 해결하고 대통령 선거에서 안정적 지지를 얻으려고 정권의 지지 기반인 영남권에 집중 투자했다는 지적도 있습니다. 이를테면 항만에 입지해야 하는 조선업을 제외하면 전자 공업이나 기계 공업은 충청권, 호남권에도 배치할 수 있었다는 것이죠. 하지만 지역 균형 발전을 고려한 선택은 이뤄지지 않았고, 그 결과 제조업 분야는 영남권이 우위를 차지하게 됩니다.

수도권은 이러한 정치적 고려를 떠나 압도적인 성장을 이룹니다. 인구가 많고 대규모 시장이 있는 수도권을 육성하는 것이 민간 투자 활성화와 빠른 경제 성장을 이끄는 데 효과적이었기 때문이죠. 정부는 도로, 철도, 지하철, 산업 단지, 전기, 상하수도, 주택 건설, 교육 시설, 의료 기관, 소비 시설 등 전 분야에서 수도권에 가장 많은 공공 투자를 시행합니다. 그 결과 서울을 비롯한 수도권이 전국에서 가장 현대적이고 생산적인 공간이 된 거예요.

정리해 보면 1960년대 초반까지는 권역별 인구 차이가 두드러지지 않았습니다. 산업화가 급속히 진행된 1960년대 이후에는 투자가 집중된 수도권과 영남권으로 급격히 인구가 쏠리고, 1970년대 중반부터는 수도권이 정치 중심지인 동시에 경제 중심지로 위치를 굳히게 됩니다.

## 2000년 이후 불균형은 더욱 심해지고

지역 불균형이 위험 수위에 다다랐다는 공감대가 확산되면서 균형 발전 정책의 필요성이 제기됐습니다. 불평등을 방치하면 지역 생존 기반이 무너지는 것은 물론이고 국민 통합과 국가 발전 잠재력마저 해칠 수 있다는 우려가 커진 것이죠.

국가 균형 발전 정책은 노무현 정부 때 본격적으로 추진되었습니다. 노무현 전 대통령은 대선 후보 시절이던 2002년 행정수도 건설을 공약했고, 2003년 출범한 국가균형발전위원회를 통해 공공 기관 지방 이전, 혁신도시 건설을 추진했습니다. 공공 기관 이전은 수도권에 밀집된 중앙 행정 기관과 여러 공공 기관을 지방으로 옮기는 가장 강력한 정책이었습니다. 행정수도를 새로 만드는 파격적인 정책도 추진되었는데, 그 결과가 2012년 출범한 세종시입니다. 하지만 헌법재판소에서 행정수도를 새로 만드는 '신행정수도법'이 위헌이라는 결정이 나오면서 세종시는 정부 부처를 모아 놓은 행정 중심 복합 도시로 조성됩니다.

이러한 이전 정책은 수많은 행정 기관과 공공 기관의 직원들을 지방으로 이주시켜 수도권 집중을 해소하는 동시에 우수 인재들을 통해 지역 혁신 역량을 강화하려는 목적이 있습니다. 더 큰 틀에서는 수도권에 집중된 권력을 분산시켜 수도권 일극 집중을 지방의 다극 사회로 전환하는 의미를 지니고 있습니다. 실제 공공 기관 이전이 본격화한 2013~2016년에는 수도권 유입 인구가 줄어드는 효과를 거두기도 했습니다.

하지만 국가 균형 발전 정책이 추진된 지 20년이 지났는데도 수도권 집중은 공고합니다. 여러 균형 발전 정책을 추진한 노무현 정부에서도 기업 정책은 거꾸로 갔습니다. 수도권 정비 계획법을 풀어 경기 파주에 LG디스플레이 공장을 짓도록 허용했는데요. 이명박 정부는 본격적으로 수도권 공장 신증설을 막던 규제의 빗장을 해제했고, 박근혜 정부는 수도권 규제 대상에서 접경 지역을 뺐습니다. 문재인 정부도 해외에서 국내로 귀환하는 제조 기업의 입지 제한을 풀어 수도권에 공장을 지을 수 있도록 허용했습니다. 균형 발전 명목으로 재정 지출은 늘렸지만 정작 기업들의 수도권 집중은 정부가 사실상 방치하고 조장한 것입니다.

2010년대 들어서 결정적인 변화가 찾아왔습니다. 바로 '4차 산업 혁명'입니다. 인공지능(AI), 사물인터넷(IoT), 로봇기술, 드론, 자율주행차, 가상현실(VR)이라는 용어를 들어 봤을 겁니다. 4차 산업 혁명은 정보통신기술(ICT)의 융합으로 이뤄지는 차세대 산업 혁명인데요.

비수도권은 제조업을 중심으로 성장한 반면 수도권은 반도체·정보 통신 산업 중심으로 성장했고, 2010년대 이후 '4차 산업'

흐름에 올라탔습니다. 이러한 지식 산업은 고급 노동력이 필요한데, 이를 공급할 만한 대학은 수도권에 몰려 있습니다. 수도권 집중이 더욱 심화된 이유입니다.

SK하이닉스가 2019년 경기 용인에 120조 원 규모의 반도체 클러스터를 짓기로 한 것은 이러한 현실을 상징적으로 보여 줍니다. 구미, 청주 등 지방에서 사활을 걸고 SK하이닉스 유치를 추진했지만, 별다른 혜택도 없던 용인에 공장을 짓기로 한 겁니다. 전문 인력 구인을 위해 경기 남부가 적합지라는 입장이 확고했다고 합니다. 2000년대까지도 비수도권은 제조 공장, 수도권은 연구 개발(R&D)이라는 공간 분업이 있었지만, 이러한 틀 자체가 무너져 버린 겁니다.

이제 수도권 대 비수도권의 '두 번째 분단'이 한국 사회의 주요 모순이 됐습니다. 주거, 취업을 비롯한 한국 사회의 당면한 문제들이 지역 불균형과 얽혀 있다고 해도 과언이 아닙니다. 청년들은 일과 기회를 찾아 수도권으로 몰려들지만, 취업·주거난에 결혼도 출산도 엄두를 못 냅니다. 이러한 모순을 깨기 위해서는 국가 균형 발전이 필요합니다. 일자리, 산업, 교육, 정주 여건 등 여러 문제가 얽힌 고차 방정식입니다. 수도권이라는 블랙홀에 빨려 들어가는 현실을 벗어나기 위해서는 어떻게 해야 할까요.

# 소멸 위험 지역

전국 행정 구역 가운데 절반이 '소멸 위험 지역'에 포함되어 있습니다.

한국고용정보원에 따르면 2022년 3월 기준 228개 전국 시군구 중 소멸 위험 지역은 113곳(49.6%)에 달하는 것으로 집계됐습니다. 2015년보다는 33곳, 2020년과 비교해서는 11곳 늘었습니다. 특히 소멸 고위험 지역은 2015년 3곳에서 이번에 45곳으로 급증했습니다.

소멸 위험 지역은 한 지역의 65세 이상 노인 대비 20~39세 여성의 비율을 따져 소멸위험지수를 산출해서 분류합니다. 소멸위험지수는 65세 이상 고령 인구 대비 20~39세 여성 인구 비율로 소멸 위험도를 따집니다. 이 지수 수치가 낮으면 인구의 유입·유출 등 다른 변수가 크게 작용하지 않을 경우 약 30년 뒤에는 해당 지역이 없어질 가능성이 높다는 의미입니다. 소멸위험지수 1.5 이상은 소멸 저위험, 1.0~1.5는 정상 지역, 0.5~1.0 미만은 소멸주의, 0.2~0.5 미만은 소멸 위험 진입, 0.2 미만은 소멸 고위험으로 분류합니다.

지방 소멸위험지수는 2014년 일본 도쿄대학교 마스다 히로야(增田寬也) 교수가 일본 내 지방 쇠퇴 현상을 분석하기 위해 내놓은 『지방 소멸』에서 제시한 분석 기법으로 개발된 것입니다. 당시 마스다는 2040년까지 일본 기초 단체 1,799곳 중 896곳이 인구 감소로 소멸할 수 있다는 예측을 던졌습니다. 한국에도 이 책이 소개되면서 지방 소멸에 대한 우려가 확산됐습니다.

2022년 3월 기준 전국 시군구 가운데 소멸 위험도가 가장 높은 곳은 경북 군위·의성(0.11)이었습니다. 전남 고흥·경북 봉화(0.12), 전남 신안·경북 청송·경북 청도·경남 남해·경남 산청(0.13)이 뒤를 이었습니다. 새로 소멸 위험에 진입한 기초지자체는 11곳이었는데, 제조업 쇠퇴 지역(통영시, 군산시 등)과

수도권 외곽(포천시, 동두천시)으로 퍼지고 있습니다.

전국 평균 소멸위험지수는 2021년 0.75로 2020년(0.8)에 이어 소멸주의 수준이었습니다. 한국은 2017년(0.96)부터 소멸주의 단계로 진입했습니다.

지방 소멸의 속도가 빨라지면서 정부도 고민이 깊어지고 있습니다. 2021년 10월 행정안전부는 지역 인구 감소 위기에 대응하기 위해 89개 지역을 '인구 감소 지역'으로 처음 지정하고 지원에 나섰습니다. 정부에서 법적으로 근거를 마련해 행정·재정적 지원을 한다는 의미입니다.

부산(3곳), 대구(2곳), 인천(2곳), 경기(2곳), 강원(12곳), 충북(6곳), 충남(9곳), 전북(10곳), 전남(16곳), 경북(16곳), 경남(11곳)이 지정됐습니다.

참고로 이번 인구 감소 지역에서는 서울시를 제외했습니다. 위기가 심각한 지방에 재정을 쓰도록 하기 위해서죠. 다만 수도권에서도 인구 감소가 심각하게 진행되고 있는 일부 경기·인천 지역 그리고 도심 공동화로 인구가 줄고 있는 광역시 내 자치구도 일부 포함됐습니다. 다르게 보면 수도권에서도, 부산·대구와 같은 대도시에서도 인구 감소 현상이 벌어지고 있다는 의미입니다.

인구 감소 지역에는 맞춤형 인구 활력 계획을 추진하도록 하고, 매년 1조 원씩 10년간 지방소멸대응기금을 투입하기로 했습니다. 그 외 재정·세제·규제 혜택 등 다양한 지원 정책을 마련하기로 했습니다.

# #2

# 왜 이렇게 수도권으로 몰릴까

여러분의 하루 일과는 어떤가요?

평일이라면 아침에 일어나 씻고, 식사를 한 뒤 걸어가거나 버스 또는 지하철을 타고 학교에 갈 것입니다. 수업이 끝나면 학원에서 공부를 할 수도, 편의점에서 라면을 사 먹을 수도 있을 테고요.

주말의 풍경은 사뭇 다를 거예요. 가족과 함께 대형 마트에 가서 먹을거리를 사거나 가까운 영화관에 가서 새로 개봉한 영화를 볼 수도 있을 것입니다. 친구들과 카페에서 시원한 주스를 마시거나 코인 노래방에 들러 신나게 노래를 부르는 것도 즐겁고요.

버스와 지하철, 편의점, 영화관, 카페, 코인 노래방……. 누군가에게는 지극히 당연한 일상의 공간이 어떤 이들에게는 누릴 수 없는 일이라면 어떨까요. 이번에는 수도권과 비수도권의 생활 인프라 격차에 대해 알아보겠습니다. 생활 인프라는 사람들이 자고, 먹고, 자녀를 키우고, 노인을 부양하고, 일하고, 쉬는 등 일상생활에 필요한 모든 사회 기반 시설을 말합니다.

# 놀러, 공부하러 '밖'으로 나가요

경상남도 함양군은 인구 4만 명이 사는 지역입니다. 한국을 대표하는 명산 지리산을 끼고 있어 아름다운 자연환경을 자랑하는 고장이에요. 몸에 좋은 산삼이 많이 나서 매년 산삼 축제가 열리기도 합니다.

함양은 지리산에 산삼까지 자랑거리가 많지만 이곳의 학생들은 여느 도시 학생들과는 꽤 다른 일상을 보내고 있습니다. 친구들과 신나게 놀려고 해도, 열심히 공부하려고 해도 '밖'으로 나가야 하기 때문입니다.

함양에는 영화관이 없습니다. 함양은 영화관이 없는 71개 시
군구(2020년 조사) 중 하나예요. 가장 가까운 영화관은 이웃 지
역인 거창군에 있어요. 영화를 보려면 승용차로 30~40분 걸리는
거창까지 가야 합니다. 2011년 함양 주민들의 문화생활을 위해
문을 연 함양문화예술회관에서는 인근 대도시인 대구광역시의
한 멀티플렉스 영화관 프랜차이즈와 협약을 맺어 매주 토요일마
다 영화를 상영하고 있어요. 하지만 영화 관람의 '필수 아이템'인
팝콘이나 콜라는 팔지 않는다고 하니 왠지 서운한 마음이 드는
건 어쩔 수가 없다고 해요.

거창에 간다고 모든 것이 해결되는 것도 아니에요. 거창에 영

화관은 있지만 방탈출 카페나 대형 서점은 없습니다. 그래서 함양의 많은 청소년들은 학교 시험이 끝나면 진주나 대구로 놀러 가곤 합니다. 함양에서 진주에 가려면 시외버스를 타고 약 1시간 10분을 달려야 합니다. 대구까지는 이보다 긴 1시간 40분이 걸린다고 해요.

공부를 하려고 해도 밖으로 나가야 하긴 마찬가지입니다. 함양에는 일본어나 중국어 같은 제2 외국어를 배울 만한 학원이 없습니다. 온라인 강의를 듣거나 독학할 것이 아니라면 무조건 다른 곳으로 가야 하지요. 문제는 교통비입니다. 함양에서 진주까지 버스비는 왕복 1만 2,400원, 대구는 1만 3,600원입니다. 용돈을 받아 쓰는 학생에겐 아무래도 부담스러운 금액입니다. 무얼 하더라도 '교통비 먼저 생각해야 하는' 이런 상황은 도시에서는 상상하기 어려운 것이지요.

2020년 한국농촌경제연구원이 도시와 농어촌 주민 간의 정주 여건 만족도를 조사한 결과, 보건 복지(-1.6)에 이어 만족도 편차(농어촌-도시)가 큰 것은 교육·문화(-1.3)였다고 합니다. 이어 정주 기반(-1.0)과 일자리(-0.9) 순이었어요. 함양 사회 혁신가 네트워크가 2021년 4월 온라인 투표로 지역 의제에 관한 의견을 물은 결과 청소년 문화 공간 조성(26.5%)이 가장 많았습니다. 인구가 도시로 쏠리는 것 못지않게 '문화의 쏠림'도 심각한 것입니다.

# 편의점 대신 '만물 트럭'

경상남도 거창군 남상면의 임불리는 '6·25 전쟁도 몰랐던' 외진 산골입니다. 100명이 조금 넘게 살고 있는데 주민 대부분이 65세 이상의 고령이래요. 이 마을에는 도시에서는 볼 수 없는 독특한 트럭이 하나 있습니다. 어묵과 계란, 간장, 식초, 건전지 등 생필품으로 가득한 '만물 트럭'입니다. 벌써 10년 넘게 이틀에 한 번 물건을 싣고 임불리로 온다는 만물 트럭은 이곳 주민들에게 편의점과 다름이 없습니다. 임불리에는 편의점도 마트도 없거든요. 거동이 불편해 시장은커녕 마을 회관에도 걸음하기 힘든 어르신들에게 없어서는 안 될 소중한 존재지요.

어르신들의 다리가 되어 주는 것으로 대중교통도 빼놓을 수 없습니다. 하지만 대중교통 또한 지역마다 큰 차이가 있습니다. 5분에 한 대씩 오는 지하철과 버스는 오로지 대도시에서만 누릴 수 있는 편리함입니다.

다시 이웃 고장인 함양으로 가 보겠습니다. 함양 서상면 상남리에 사는 어르신들은 읍내에서 열리는 오일장에 가려면 버스를 오매불망 기다려야 합니다. 오일장은 '5일에 한 번 서는 장'이라는 뜻입니다. 도시에는 언제 어디서나 쉽게 찾을 수 있는 마트가 있다면 인구가 적은 농어촌 지역에는 닷새마다 시장이 열립니다. 매일 시장을 열 만큼 사람이 많지 않으니까요.

상남리에서 읍내로 가는 버스는 하루에 여섯 번만 있습니다. 이 마을에 사는 어르신들은 큰 장이나 병원에 갈 때면 버스를 타야 하니 버스 시간을 줄줄 외운다고 해요. 한 번 버스를 놓치면 한참을 기다려야 하니까요. 그래서 아예 일찌감치 정류장에 나와 기다리곤 하십니다. 버스 대신 택시를 타면 4만 원이 나오니 기다릴 수밖에요. 버스를 늘려 달라고 불평할 법도 한데 어르신들은 "그만하면 됐다."라고 하십니다. 하루 여섯 번 다니는 버스에도 타는 사람이 많지 않기 때문입니다.

함양의 2019년 출생자는 163명으로 하루 평균 0.4명, 사망자는 477명으로 하루 평균 1.4명이었습니다. 하루에 한 명꼴로 인구가 줄어든 셈입니다. 인구가 줄어 수지가 맞지 않으니 버스도, 시장도 늘기 쉽지 않습니다. 젊은 사람들은 떠나고 남는 것은 거동이 쉽지 않은 고령자뿐인 상황에서 일상을 유지하기란 점점 버거워만 집니다.


# 큰 병원이 없어요

여기 A씨와 B씨가 있습니다. 두 사람은 나이와 건강 상태, 직업, 가족 관계 등 모든 조건이 동일합니다. 다른 점이 있다면 딱 하나. A씨는 서울에, B씨는 강원도에 산다는 것뿐입니다. 두 사람의 하루는 비슷하게 흘러갑니다. 어느 날 갑자기 심장에 이상이 생겨 의식을 잃기 전까지는 말입니다. 서울의 A씨 집에서 응급 의료 시설까지 거리는 2.94km입니다. 신속하게 출동한 구급차는 A씨를 싣고 달려 응급실로 향했습니다. A씨는 빠르게 치료를 받은 덕분에 목숨을 구했습니다.

B씨의 사정은 달랐습니다. B씨의 가족들은 즉시 구급차를 불렀지만, 가장 가까운 응급 의료 시설은 무려 22.32km 떨어져 있었습니다. 서울의 7배가 넘는 거리입니다. 구급차는 열심히 달렸지만 B씨의 생명을 살릴 수 있는 '골든 타임'을 놓쳤습니다. 의료 기관과의 거리가 두 사람의 운명을 갈라놓았습니다.

허구의 상황을 가정한 것이지만 충분히 일어날 법한 일입니다. 수도권과 비수도권의 의료 서비스 격차는 다른 어떤 인프라 격차보다 심각합니다. 강원도의 인구 10만 명당 치료 가능 사망률(2019년 기준)은 46.73명으로 가장 낮은 서울(36.36)보다 30%가 높았습니다. 치료 가능 사망률이란 환자가 적절한 치료를 받지 못해 목숨을 잃는 비율을 말합니다.

우리나라는 공공 의료의 비중이 매우 낮은 편입니다. 2020년 말 기준 경제협력개발기구(OECD) 평균 공공 의료 기관 비중은 55.2%였지만 우리나라는 5.4%에 불과했습니다. OECD 회원국 중 가장 낮은 수준입니다. 의료 기관 대부분을 차지하는 민간 병원은 수도권과 대도시에 몰려 있어요. 민간 병원 위주인 우리나라 의료 체계에서 의료 서비스는 인구가 많고 돈이 되는 수도권으로 쏠릴 수밖에 없습니다. '어디에 사느냐'는 누릴 수 있는 생활 인프라 수준을 넘어 나의 생명을 좌우할 수도 있는 문제인 것입니다. 아플 때마다 이웃 도시로 먼 길을 떠나는 사람들이 있습니다. 가까운 곳에 의료 시설이 없어 '원정 진료'에 나선 사람들의 이야기를 들어 봅시다.

아기를 임신한 산모들은 정기적으로 산부인과에 다녀야 합니다. 아기가 건강하게 잘 자라고 있는지 확인해야 하거든요. 출산이 가까워질수록 병원에 가는 주기도 짧아집니다. 언제 아기가 나올지 모르니 긴장의 끈을 놓지 않는 것도 중요하고요. 가까운 곳에 산부인과가 있는 것은 산모들에게 매우 중요합니다. 그런데 함양군의 산모들은 차로 1시간 이상 걸리는 진주나 대구의 산부인과에 다닙니다. 함양군 내에 산부인과 전문 병원이 따로 없기 때문입니다. 2019년부터 함양군 보건소에서 산부인과를 운영하고 있지만 정밀 검사나 분만은 불가능합니다. 안 그래도 몸이 무거운 산모들은 힘겹게 버스를 타거나 직접 운전을 해서 이웃 도시의 병원까지 다니고 있습니다. 출산이 얼마 남지 않은 산모의 경우에는 병원 근처에 따로 지낼 곳을 마련하기도 한다고 해요.

함양군은 국립중앙의료원이 응급 의료 취약지로 분류한 97개 지자체(2020년 기준) 중 한 곳입니다. 그중 90곳은 물론 비수도권입니다. 함양은 분만·인공신장실·소아청소년과 취약지이기도 합니다. 2020년 인구 3만 8,000여 명 중 함양에서 태어난 아이는

105명입니다. 함양군은 아이를 낳는 주민들에게 출산장려금(첫째 100만 원, 둘째 200만 원, 셋째 1,000만 원)을 줄 만큼 인구 늘리기에 열심이지만 정작 아기를 받을 산부인과가 없는 것이지요.

전국 250개 시군구 중 산부인과가 하나도 없는 곳은 함양 등 23곳으로 모두 비수도권입니다. 특히 농어촌에서 아기를 낳을 수 있는 산부인과가 빠르게 줄어들고 있어요. 의료 서비스를 찾는 주민의 수가 적어 운영이 힘들기 때문입니다. 분만이 가능한 산부인과를 운영하기 위해서는 적어도 6명의 간호사가 필요하다고 해요. 분만실의 경우 아기가 언제 나올지 몰라 하루 24시간 내내 대기해야 하는데 간호사 두세 명이 교대로 근무를 해야 하기 때문입니다. 의사도 2명 이상 필요해요. 여기에 분만장과 신생아실 등 각종 시설도 갖춰야 하니 민간 병원은 유지가 어렵습니다.

의료 취약지에 사는 어려움은 나이가 많건 적건 같습니다. 2021년 7월 함양초등학교 4학년 3반 학생들은 '함양에 생겼으면 하는 시설'에 대해 의견을 모아 함양 군수 앞으로 편지를 보냈습니다. 한 학생은 편지에 이렇게 적었습니다.

"군수님, 안녕하세요? 함양에 큰 병원이 생겼으면 좋겠어요. 큰 병원이 없어서 크게 다치거나 급할 때 다른 (도시의) 병원을 찾아가야 해서 불편한 점이 있어요. 큰 병원이 있었으면 좋겠습니다. 항상 함양을 위해 도와주셔서 감사합니다."

    가장 바라는 시설로 병원을 꼽은 것은 이 학생만이 아니었습니다. 3반 학생 23명 중 절반에 가까운 11명이 '큰 병원'이 필요하다고 했습니다. 영화관도, 놀이공원도, 워터파크도 아닌 병원을요. 가까운 병원이 없어 겪은 어려움이 어린 학생들을 이토록 간절하게 만든 것입니다. 그렇다면 학생들이 바라는 '큰 병원'은 왜 함양에 없는 걸까요?

    함양에도 병원이 없는 것은 아닙니다. 함양성심병원은 함양에서 응급실을 갖춘 유일한 병원급 의료 기관입니다. 의료 기관은 규모에 따라 의원급(1차 의료 기관)과 병원급(2차 의료 기관), 상급 종합병원급(3차 의료 기관)으로 나뉩니다. 성심병원은 이 중 2차 의료 기관인 병원급에 해당합니다. 상급 종합병원급 의료 기관은 함양에 없습니다. 1983년 문을 연 함양성심병원은 그동안 군민들의 건강을 책임져 왔습니다. 지방 병원으로는 드물게 인력과 설비 투자를 늘리고 있지만, 의사와 간호사를 구하는 일은 하늘의 별 따기만큼 어렵습니다. 자녀 양육과 교육 등에 필요한 시설이 부족하고 생활 인프라가 취약해 근무를 기피하기 때문입니다. "서울보다 월급을 두 배 이상 줘도 오지 않으려고 한다."는 푸념이 괜히 나오는 것이 아닙니다.

    2019년 기준으로 인구 1,000명당 의사 수는 서울이 3.1명인 반면 경북은 1.4명으로 전국 평균(2.0명)을 밑돌았습니다. 서울 종로구는 16.27명인데 경북 영양군은 0.72명으로 22배 차이가 났습니다. '의료 사막(의료 환경이 열악한 환경)'이라는 말이 나올 만합니다. 어디에 살든 의료 서비스를 제대로 받을 수 있으려면 수도권과 비수도권의 의료 격차를 줄여야 합니다. 필요한 것은 '공공 의료'입니다. 수익이 많이 나지 않는 지역에서도 버틸 힘이 있기 때문입니다. 하지만 공공 의료 확대는 좀처럼 실현되지 못하고 있습니다.

코로나19는 공공 의료의 중요성을 깨닫는 계기가 됐습니다. 정부는 2020년 7월 의과 대학 정원을 늘리겠다는 계획을 발표했습니다. 의대 정원을 2022학년부터 매년 400명씩 10년간 4,000명 늘리고, 이 가운데 3,000명은 의사 면허를 딴 뒤 10년간 지역에서 의무적으로 근무하도록 한다는 계획이었어요. 이렇게 하면 수도권 근무를 선호하는 의료진을 의료 취약지에 보낼 수 있으리라고 본 것이죠. 전국의 의대 정원은 2006년부터 3,058명으로 10여 년간 고정된 상태이기도 했습니다. 하지만 의사 단체인 대한의사협회가 크게 반발하며 파업에 나서자 정부는 물러섰습니다. 파업이란 노동자들이 자신들의 요구 사항을 실현시키기 위해 집단적으로 노동 제공을 거부하고 작업을 중지하는 것을 말해요. 코로나19 확산으로 의료진 부족 문제가 심각했기 때문에 정부로서는 버티기 어려웠던 것이지요.

수도권에 치우친 현재 의료 인력 운영도 넘어야 할 벽입니다. 2022학년도 의과 대학 모집 인원은 수도권이 33.5%, 비수도권이 66.5%입니다. 하지만 병원별 인턴 모집 인원은 수도권 병원이 55%가량(2021년도 인턴 1차·2차)으로 비수도권을 앞질렀습니다. 의사 면허 취득 후 병원 수련 과정을 수도권에서 보내게 되는 것이죠. 결혼 등 인간관계를 구축하는 이 시기를 수도권에서 보내면 이후 비수도권으로 이동할 가능성은 적어집니다.

결국 지역 의료 부족을 해소하려면 의료 인력 확대가 필요합니다. 의과 대학 정원을 늘리는 것이 당장 어렵다면 지역 의과 대학 설립을 먼저 추진하는 방법도 고려할 수 있습니다. 전남은 17개 광역자치단체 중 유일하게 의과 대학이 없는 곳입니다. 전남 순천시와 목포시는 2021년 전남에 의과 대학 설립을 요구하는 공동건의문을 정부에 전달하는 등 목소리를 내고 있습니다.

지역 주민들이 안심하고 찾을 수 있는 공공 병원 또한 많이 늘어나야 합니다. 정부는 2018년 전국을 70개 지역으로 나눠 의료 취약지에 공공 병원을 세우겠다고 했습니다. 하지만 2021년 6월 정부 발표에 따르면 오는 2025년까지 새로 짓거나 규모를 키우기로 한 공공 병원은 서부산의료원, 대전의료원, 진주권 공공 병원 등 3곳에 불과합니다. 비수도권 주민들의 요구를 따라잡기에는 여전히 그 속도가 느립니다.

공공 의료 강화를 위해 넘어야 할 또 하나의 벽은 '효율성 잣

대'입니다. '민간 병원이 있는데 왜 공공 병원을 지어야 하느냐'는 시각이 여전히 많습니다. 환자 수가 적어 이윤이 남지 않는 병원을 운영하는 것은 효율적이지 않다는 거예요. 이와 같은 인식은 공공 병원의 예비타당성조사에도 반영됩니다. 예비타당성조사란 대규모 국가 예산이 투입되는 사업에 대해 기획재정부가 사업의 타당성을 사전에 검증하는 제도입니다.

우리는 되물어야 합니다. 모든 시민의 '건강할 권리'가 수도권에서만 통하는 현실이 옳은 건가요? 서울에 산다는 이유로 좋은 의료 서비스를 받고, 시골에 살기 때문에 생명을 잃는 상황을 보고만 있어야 하나요? 인구도, 병원도 수도권으로 쏠리는 한 '의료 사막'은 앞으로 넓어질 수밖에 없습니다.

## 의료협동조합

충남 홍성군 홍동면에는 조금 특별한 병원이 있습니다. 주민 325명이 의료진과 힘을 모아 세운 '우리동네의원'입니다. 주민들이 만든 병원이라니, 생소하게 들릴 텐데요. 2015년 이 지역에서 시작된 '홍성우리마을의료소비자생활협동조합(의료협동조합)'이 만든 병원이에요. 의료협동조합은 지역 주민과 의료인이 함께 지역 공동체의 보건 의료 문제를 해결해 나가는 단체입니다. 농어촌 지역의 '의료 사막화'를 막을 대안 중 하나로 주목받고 있습니다.

우리동네의원이 시작된 것은 2010년 홍성에서 공중 보건의로 근무했던 이훈호 원장이 떠나지 않고 남기로 하면서입니다. 공중 보건의는 군복무 대신 의사가 없는 마을이나 보건소에서 근무하는 것을 말해요. 이 원장과 주민들은 2011년 의료협동조합 출범을 위한 준비 모임을 꾸렸습니다. 이후 함께 독서를 하거나 다큐멘터리를 시청하며 의료협동조합에 대해 공부했습니다. 4년 동안 준비 기간을 거쳐 2015년 5월 325명이 돈을 걷어 만든 의료협동조합이 생겼고, 그해 8월 우리동네의원도 문을 열었습니다. 본격적으로 병원 개원을 준비할 때는 조합원들이 직접 나서서 실내 인테리어 공사를 도왔습니다. 병원을 만드는 긴 과정을 모두 함께한 셈입니다.

개원 6년을 넘기면서 우리동네의원은 마을 주민들의 건강과 삶에 다양한 변화를 만들었습니다. 1차 의료 기관이라 각종 검사 장비는 부족하지만, 주민의 일상을 가까운 거리에서 지켜보는 만큼 병의 원인을 더 잘 찾아낼 수 있다고 합니다. 주민들로서는 나만의 '주치의'가 생긴 셈이지요.

의료협동조합의 목표는 '스스로 살피고 서로를 보살피는 건강한 마을 공동체'입니다. 때문에 병이 났을 때 적절히 진료하는 것 이상으로 건강 관리를 중요하게 여깁니다. 여름 고추 수확철에는 소식지를 통해 '탈수를 조심하고 물을 많이 드시라'고 당부하거나 겨울 농한기에는 마을길 걷기모임을 열어 운동량을 늘리는 식이에요. 마을에 의사가 있는 것만큼 중요한 것이 주변에 건강에 관심이 많은 이웃을 두는 일이기 때문입니다. 의료협동조합은 코로나19 확산 이후 노인 돌봄에도 부쩍 신경 쓰고 있습니다. 동네 어르신들에게 한 달에 두 번 식자재를 배달하는 '꾸러미 배달부' 사업도 시작했다고 해요. 식자재를 건네면서 코로나19로 외출이 뜸해진 어르신들의 건강을 살피려는 것이지요.

의료협동조합은 6년을 넘기면서 조합원이 560여 명으로 불어났고, 4명으로 시작한 직원도 9명으로 두 배 이상 늘었습니다. 하지만 여전히 넘어야 할 산이 많습니다. 가장 큰 고민은 수익과 지속 가능성입니다. 시간을 충분히 들여 환자를 진료하는 장점이 있지만 수익을 낼 만한 구조가 아닙니다. 직원 9명 중 5명의 임금을 정부의 사회적 기업 지원 사업으로 해결하는데, 지원 종료 이후의 대책도 고민해야 합니다. 경기도 안성에서 1994년 처음 시작된 의료협동조합은 현재 전국에 25개(한국의료복지사회적협동조합 조합연합회 소속)가 있지만 홍동면처럼 지역 커뮤니티가 활발하지 않으면 추진이 어렵습니다. 여기에 대도시나 수도권으로 떠나지 않고 더불어 살 의료진을 만나는 행운 또한 필요합니다.

# 벚꽃 엔딩? 지방 대학은 사라져도 좋은가

"봄바람 휘날리며 흩날리는 벚꽃 잎이 울려 퍼질 이 거리를 둘이 걸어요."

밴드 버스커버스커의 히트곡 '벚꽃 엔딩'의 한 구절입니다. 이 곡은 봄을 맞는 설렘과 금방 지고 마는 벚꽃에 대한 아쉬움을 잘 표현해 많은 대중에게 사랑을 받았습니다. 하지만 언젠가부터 '벚꽃 엔딩'은 조금 다른 의미로 쓰이기 시작했습니다. 비수도권 대학의 미래를 가리키는 관용어로 말이지요. 벚꽃이 빨리 피는, 즉 수도권에서 거리가 먼 남쪽 지역 대학부터 '진다'는 뜻입니다. 지방 대학에 무슨 일이 있기에 벚꽃 엔딩이라는 말까지 나오는 걸까요.

2021년은 지방 대학의 위기를 전하는 뉴스가 쉴 새 없이 쏟아진 해였습니다. 2021년 3월 대구대 김상호 총장은 신입생 정원을 채우지 못한 데 대한 책임을 지고 총장직에서 물러나겠다고 밝혔습니다. 신입생 정원 미달 사태로 총장직을 사퇴한 초유의 사태였습니다. 그해 7월에는 강원도 원주 상지대의 정대화 총장이 같은 이유로 물러났습니다. 학교 구성원들이 총장 사퇴를 요구하는 사례도 이어졌습니다. 일부 사립 대학에서는 재정 악화에서 비롯된 학내 구성원 간 갈등이 생기기도 했어요. 부산 신라대는 재정난을 이유로 청소 용역업체와 계약을 해지했다가 청소 노동자들이 장기 농성을 벌였습니다.

신입생 충원율은 지방 대학의 위기를 보여 주는 지표입니다. 2021년 전체 331개 대학(전문 대학 포함)의 신입생 미충원 인원은 4만 586명으로 모집 인원(47만 3,189명)의 8.6%였고, 미충원 인원의 75%가 비수도권에서 발생했습니다. 미충원율은 비수도권 10.8%, 수도권 5.3%로 지방 대학이 두 배가량 많았어요. 신입생 미등록 상위 5개 지역은 경북(2,981명), 부산(2,145명), 경남(1,981명), 강원(1,732명), 전북(1,647명)으로 모두 비수도권이었습니다. 대입정보포털 '어디가'에 따르면 2021년 지역 거점 국립 대학 9개 학교 정시 합격선(백분위 점수 기준) 평균은 70.1점으로 지난해(76.3점)보다 6.2점 하락했습니다. 예전 같았으면 지역 거점 국립대를 택했을 학생들이 수도권으로 떠나고 그보다 성적이 낮은 학생들이 자리를 채운 것이죠.

20~30년 전만 해도 지역 거점 국립 대학의 위상은 지금과는 달랐습니다. 서울의 상위권 대학과 어깨를 나란히 할 수준이었어요. 1980년대 부산대는 학력고사(1982~1993년 대학 입시 제도) 합격선이 연세대, 고려대와 엇비슷할 정도였습니다. 하지만 1980년대 중반 부산 경제의 구심점 역할을 하던 재계 7위의 대기업 국제그룹이 해체되고 지역 경제가 위축되면서 '인서울' 분위기는 강해졌습니다. 자연스레 대학 위상도 추락하기 시작했습니다.

주요 대학이 한 도시에 집중된 한국의 상황은 세계적으로도 유례를 찾아보기 힘듭니다. 미국의 유명 사립 대학을 일컫는 '아이비리그'는 미국 동부의 여러 도시에 흩어져 있습니다. 수많은 노벨상 수상자를 배출한 교토대학을 비롯해 비수도권에 도쿄권 못지않은 대학들이 포진한 일본과도 대조적입니다.

## 정부 지원은 수도권에만 집중되고

지방 대학 위기에는 학령 인구 감소와 누적된 정책 실패, 국토의 불균형한 발전, 수도권 대학에 집중된 정부 지원 등 다양한 요인이 겹쳐져 있습니다. 1995년 김영삼 정부가 도입한 '대학 설립 자유화(대학 설립 준칙주의)'는 빼놓을 수 없는 변곡점입니다. 대학 설립 준칙주의란 땅과 건물 등 최소한의 요건만 갖추면 대학을 세울 수 있게 해 주는 제도입니다. 이에 따라 전국 곳곳에 대학이 우후죽순 들어서기 시작했습니다. '학생의 선택을 못 받는 학교는 저절로 사라질 것'이라는 시장 논리로 대학 정책을 짠 것이었지만 이미 장기적으로는 학령 인구 감소가 예견된 시점이었어요.

학생은 줄어드는데 대학 정원은 착실히 늘어났습니다. 이 제도 도입 7년 만에 32%가 증가했어요. 통계청에 따르면 2021년 만 18세 학령 인구는 45만 6,000명입니다. 이 숫자는 2024년 43만 명, 2035년 37만 명, 2040년에는 28만 명으로 줄어들 것으로 전망됩니다. 현재 대학 정원이 그대로 유지된다면 2040년에는 수도권 대학과 지역 거점 국립 대학만으로 모든 학생을 받을 수 있게 됩니다.

사립 대학 비율이 높은 상황에서 대학 등록금을 13년간 동결한 정부 정책은 지방 대학들을 더욱 위태롭게 했습니다. 한국 전체 대학 중 85%가 사립 대학에 해당하는데, 이는 전 세계에서 가장 높은 비율입니다. 사립 대학이 많은 미국도 30%에 불과합니다. 대학이 발전하려면 돈이 필요하지만, 정부 지원을 받는 국립 대학과 달리 사립 대학은 등록금 의존도가 높습니다. 등록금 수입 대부분이 인건비와 운영비로 쓰이며 학생과 학교를 위한 중장기적 투자는 불가능해졌습니다.

정부가 3년마다 실시하는 대학 평가 또한 악순환의 고리에 빠지게 했습니다. 취업률, 재정 확보율 등 평가 기준에 미달하면 정부 재정 지원이 끊기고 학생 모집도 어려워집니다. 이 학교 학생은 국가 장학금이나 학자금 대출을 받을 수 없게 되거든요. '부실 대학'이라는 낙인이 찍히는 것도 빼놓을 수 없습니다. 2021년 4월 교육부가 발표한 재정지원제한대학 18개 학교 중 14곳이 비수도권 대학이었습니다. 한 번 빠지면 헤어 나오기 어려운 상황이 반복되는 것이지요.

그럼에도 정부 지원은 수도권 대학에 쏠렸습니다. 2014~2018

년 서울대·고려대·연세대 3개 대학에 대한 국가 지원금이 전체 고등교육재정의 10%인 6조 5,600억 원에 달했어요. 학생 1인당 지원 금액은 서울대가 평균 2,900만 원, 연세대 700만 원, 고려대 650만 원이었습니다. 나머지 전국 대학생 1인당 평균 지원 금액은 464만 원으로 서울대의 6분의 1 수준이었어요. 넉넉한 재정을 기반으로 이뤄지는 고품질의 교육은 대학 경쟁력의 핵심입니다. 이미 풍부한 재정을 갖춘 대학들에 정부 지원이 집중된 것은 과연 공정한 일일까요.

수도권을 선호하는 것은 학생만이 아닙니다. 학생들을 가르치는 교수들 또한 수도권 대학에 가려는 경향이 있습니다. 대학에 좋은 교수진이 있는 것은 학생을 모집하는 데 아주 중요합니다. 교수 확보가 어려워지면 대학 경쟁력 약화도 피할 수 없어요. 비수도권 병원들이 의사와 간호사 등 의료진을 구하기 어려운 것과 유사한 상황이 대학에서도 벌어지는 것이지요.

지방 대학들은 비상이 걸렸습니다. 생존을 위한 조치가 이뤄졌습니다. 2003년 노무현 정부 들어 시작된 대학구조개혁 정책에 따라 재정 지원을 받는 대신 학생 정원을 줄이기 시작했어요. 지난 20여 년간 감축한 대학 정원은 약 17만 명인데 대부분 비수도권 대학들이 감당했습니다. 그사이 수도권 대학들은 정원 외 전형을 통해 많게는 1,000여 명의 학생을 뽑으며 타격을 피해 갔습니다. 학내 구조 조정도 이뤄졌어요. 취업에 불리한 인문계·예술계 학과들을 없애거나 합쳐 규모를 줄이고, 대신 취업이 잘 되는 학과를 새로 만들었습니다. 간호학과를 신설한 지방 대학이 늘어난 것은 우연이 아닙니다. 인지도를 높이기 위해 학교 이름을 바꾸는 대학도 잇따랐어요.

하지만 지방 대학들의 노력을 바라보는 대중의 시선은 그리 따뜻하지 않습니다. '호박에 줄 긋는다고 수박 되겠느냐'는 것이지요. 지방 대학을 향한 시선이 싸늘해질수록 지방 대학과 지방 대학 학생들의 박탈감은 날로 커집니다. 출신 대학에 따른 차별이 당연하게 여겨지고 낙인이 되는 한 지방 대학의 어려움은 계속될 수밖에 없어요.

현재 정부의 정책은 경쟁력이 없는 대학을 퇴출하도록 하는 데 집중되어 있습니다. 내버려 두면 언젠가 스스로 문을 닫을 수밖에 없다는 계산입니다. 하지만 지방 대학 정책을 오직 시장 논리로만 접근하는 것은 온당한 처사일까요? 자유로운 경쟁 시장에서 밀려난 학교는 밀려나도록 그저 방치해 두는 것이 옳은 일인지 고민해 볼 필요가 있습니다.

멀리 수도권 대학으로 유학하기 어려운 비수도권 학생들도 고려해야 합니다. 모두가 서울에 있는 대학에 갈 수 있는 것은 아니고, 가고 싶어 한다고 할 수도 없습니다. 먼 곳으로 이주하지 않아도 교육받을 수 있게 선택지를 남겨 둘 필요가 있습니다. 학창 시절 여러 사정으로 공부할 기회가 없었다거나, 수능을 망쳐 입시에 성공하지 못한 학생들이 대학 입학 뒤 잠재력을 발휘할 가능성도 얼마든지 있습니다. 그 기회를 열어 주고 있는 것이 바로 지방 대학이라는 점을 잊지 않아야 합니다.

대학이 지역 경제와 긴밀한 관계에 있다는 사실도 중요합니다. 2017년 한국지역경제학회 연구에 따르면, 지방 거점 국립 대학인 전북대학교가 전북 지역 경제에 미치는 생산 및 취업 유발 효과는 각각 4,760억 원과 5,096명으로 추산됐습니다. 대학이 지역 경제의 적지 않은 부분을 떠받치고 있는 것입니다. 실제 2018년 서남대와 한중대가 문을 닫은 이후 전북 남원과 강원 동해의 지역 경제에 끼친 충격은 상당했습니다. 교직원과 대학 앞 자영업자들은 하루아침에 직장과 손님을 잃었습니다. 인구 감소를 고민하는 지역이라면 심리적 충격도 피할 수 없습니다. 대학 폐교뒤 살아갈 길이 막막해진 주민들은 다른 지역으로 이사를 고려할수 있어요.

지방 대학의 위기는 여러 요인이 중첩된 결과인 만큼 해법 또한 종합적이어야 합니다. 우선 심각한 재정 위기에 빠진 대학에운영비 지원 등을 늘려야 한다는 제안이 나옵니다. 대학 등록금을 올려 가정 부담을 늘리는 대신 정부의 재정 지원을 통해 경쟁력 있는 대학의 성장을 도와야 한다는 것입니다. 실제 우리나라와 유사한 고등 교육 체제를 가진 일본 역시 사립 대학에 대한 정부의 경상비(매년 반복 지출되는 경비)를 보조하고 있습니다. 국공립대와 사립대가 고등 교육 기관으로 동일한 역할을 한다고 보기 때문입니다. 특히 우리나라는 대학 진학률이 80%에 육박합니다. 학생 대부분이 대학에 가고, 그 대학 절대다수가 사립 대학인 상황에서 대학 교육이 의무 교육이 아니라는 이유로 정부 지원 밖에 두는 것을 당연하다 할 수 있을까요.

장기적으로는 지역 거점 국립 대학에 대한 정부의 적극적인 투자가 필요하다는 목소리도 높습니다. 지역 거점 국립 대학 교육의 질을 대폭 높이고, 학생들이 수도권으로 빠져나가는 대신 지역에 남을 수 있도록 '댐' 역할을 하게 만들자는 것입니다.

무엇보다 '수도권 집중'이 지방 대학의 위기를 가속화했다는 점을 고려하면 균형 발전 정책은 필수적입니다. 경제와 문화, 사회적 자본이 수도권으로 몰리는 한 학생들이 수도권 대학으로 가는 것을 막기 어렵기 때문입니다. 이와 함께 학령 인구 감소에 맞춰 전체적인 대학 정원 감축도 동시에 이뤄져야겠지요.

# #3

# 수도권은 지속 가능한가

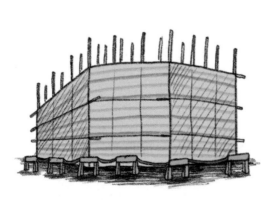

'#당근이세요?' 중고 거래가 수천만 명이 사용하는 국민 앱이 될 거라고 누가 상상했을까요. 지역 기반 중고 거래 플랫폼 '당근마켓'은 창업 6년 만에 누적 가입자 2,100만 명에 추정 기업가치 3조 원의 유니콘 기업(기업가치 1조 원 이상의 스타트업)으로 성장했습니다.

당근마켓은 김용현·김재현 공동 대표가 카카오에서 일하던 시절 사내 장터에서 영감을 얻은 서비스입니다. 카카오 사내 게시판에 중고 물품 거래 글을 올릴 수 있었는데 직원들의 반응이 엄청 좋았대요. 여기서 영감을 얻은 창업자들이 2015년 7월 회사가 있던 판교의 이름을 따서 '판교 장터'를 만들었고, 그해 10월 현재의 당근마켓으로 이름을 바꿨다고 합니다.

경기도 성남시에 있는 판교신도시는 첨단 기업들이 모여 있는 판교테크노밸리로 유명한 곳입니다. 창업자들은 당근마켓이 판교테크노밸리 직장인의 중고 거래 서비스로 시작했으니 판교에 있어야 한다고 생각했대요. 하지만 판교테크노밸리 인기가 높다 보니 빈 사무실을 구할 수 없어 판교신도시 백현동 카페거리 상가 건물 2층에서 사업을 시작했다고 해요. 초창기에는 사업이 성공할지 확신이 없어 고민이 많았다고 합니다. 하지만 판교신도시가 '핫하다'는 이미지가 있어서 입소문을 타기 시작하자 서비스가 주변 지역으로 빠르게 퍼져 나갔다고 하는군요.

당근마켓은 2021년 8월 시리즈 D 투자(스타트업 성장 단계에 따라 시드머니로부터 시리즈 A·B·C·D로 구분)를 유치하며 유니콘 기업으로 입지를 굳혔습니다. 6명으로 시작한 직원은 300여 명으로 늘었고, 취업 준비생 사이 선망의 대상인 '네카라쿠배당토(네이버·카카오·라인·쿠팡·배달의민족·당근마켓·토스)'라는 신조어에도 이름을 올렸습니다.

창업한 지 6년이 지난 당근마켓의 주소지는 서울 강남 교보타워인데요. 사무실 창문 너머로 강남역 일대가 파노라마처럼 펼쳐지는 멋진 공간입니다. 라운지에는 편의점처럼 음료와 간식거리가 채워져 있고, 점심 식사도 가격 제한 없이 마음대로 먹을 수 있다고 해요. 자유로운 복장에 자율적인 근태, 직급 없이 서로 영어 이름을 부르는 수평적 조직 문화까지 드라마나 영화에 등장하는 스타트업 이미지 그대로입니다.

문득 궁금해집니다. 높은 임대료와 생활비에도 왜 경기도 판교, 서울특별시 강남에 자리 잡아야 했을까요. 스타트업 창업자들의 대답은 모두 비슷합니다. "스타트업은 인재가 제일 중요하다." "판교와 강남이 사람을 뽑기 수월하다." 강남과 판교는 기반 시설이 잘 갖춰져 있고, 이미 많은 기업들이 모여 있어 정보를 교환하기 좋은 데다 교통까지 편리하다는 겁니다. 기업이 성장 단계에 들어서면 치열한 인재 확보 경쟁을 벌여야 하는데 지방보다 수도권이 훨씬 유리한 조건이라는 것이죠.

# '스타트업 수도' 판교

신분당선 강남역에서 판교역까지 이동 시간은 14분. 강남 한복판을 출발해 청계산 터널 구간의 어둑함에 익숙해질 때쯤 판교역 도착을 알리는 방송이 나옵니다. 1번 출구로 나오면 판교테크노밸리. 네이버와 카카오가 입주한다는 초대형 오피스 빌딩이 눈을 사로잡고, 횡단보도 건너편 판교테크노파크공원에는 번쩍이는 유리 빌딩들이 곧은 도로를 따라 줄지어 있습니다. 컴퓨터그래픽을 옮겨 놓은 듯한 도시 공간에 반팔 티, 반바지에 슬리퍼를 신고 느긋하게 오가는 직장인들이 '판교적'인 풍경을 연출합니다.

"고연봉 IB·컨설팅社도 싫다……'인재 피라미드' 맨 위에 스타트업".

최고 직장으로 꼽히는 투자 은행과 컨설팅 회사에서 '판교'로 이직하는 흐름을 알리는 한 기사 제목입니다. 자유로운 업무 분위기에 성장 가능성, 능력에 따라 수억·수십억 원에 달하는 인센티브가 스타트업으로 인재들을 빨아들이고 있는 것이죠.

> "판교의 성공 요인을 꼽자면 우선 지리적 장점이죠. 강남에서 가장 가까운 산업 단지잖아요. '워라밸'을 추구하는 젊은 연구 인력들이 판교 아래로는 안 가려고 해요. 가족이 있으면 더 그렇고요."

판교테크노밸리를 지원하는 경기도경제과학진흥원 연도현 팀
장은 판교의 성공을 다음과 같이 설명합니다.

"초창기에 한국파스퇴르, GE 등 앵커 기업(선도 기업. 앵커 기
업이 입주하면 협력사들의 연쇄 입주 효과 발생)을 유치한 것이
기틀을 잡는 데 긴요했습니다. 판교 1,700개 기업 중 대기업은
60여 개입니다. 중소기업과 대기업의 연구 개발(R&D) 협력이
쉽게 이뤄지죠. 공공 기관, 관련 기업, 투자사 등이 밀집해 있으
니 하루에 몇 번이고 사람들과 업무 미팅을 잡을 수 있는 게 장
점입니다."

『직업의 지리학』을 쓴 경제학자 엔리코 모레티가 강조하는 '집
적 효과'가 판교에서 극대화하고 있는 것입니다. 집적 효과는 우
수 인재들이 밀집해 있으면 상호 작용을 통해 더 큰 혁신이 일어
나는 것을 가리킵니다. 모레티가 미국 320개 대도시 노동자 110
만 명을 분석한 연구에 따르면 첨단 기술 일자리가 1개 생기면,
부수적 일자리 5개가 창출된다고 합니다. 미국 실리콘밸리가 성
공한 원인이자, 세계 주요 도시들이 집값 상승·교통 체증 등 부작
용에도 사람과 기업을 모으려는 이유입니다.
　성남시 삼평동 판교테크노밸리는 2기 신도시인 판교신도시의
첨단 산업 단지로 조성됐습니다. 베드타운에 그친 1기 신도시와

달리 일터와 삶터를 합친 공간으로 짜여졌습니다. 2009년 첫 기업이 입주했고, 2015년 핵심 지원 시설인 경기창조경제혁신센터가 문을 열며 사업이 마무리됐는데요. 강남 테헤란밸리의 IT 기업들이 건너오면서 '한국판 실리콘밸리' 위상을 굳혔습니다. 첨단 제조업이 자리 잡은 경기 남부권과도 가까운 입지 조건은 판교의 매력을 높였습니다.

2021년도 '판교테크노밸리 입주 기업 실태 조사'에 따르면 입주 기업 수는 1,697개로 대기업 64개(3.8%), 중견기업 97개(5.7%), 중소기업 1,487개(87.6%), 공공 기관·협회 49개(2.8%) 순이었습니다. 삼성·SK·한화·포스코 등의 대기업 계열사, 안랩·한글과컴퓨터 등 소프트웨어 업체, 카카오·엔씨소프트·넥슨·스마일게이트·네오위즈·NHN 등 게임 업체, SK바이오팜·차병원그룹 등 바이오 기업이 입주했습니다. 이들의 매출 합산액은 109조 9,000억 원. 임직원 7만1,967명 중 20~30대가 3분의 2에 이릅니다. 입주하려는 기업이 끊임없이 몰려들면서 2판교, 3판교 테크노밸리까지 만드는 상황입니다.

허허벌판이던 판교는 어떻게 엄청난 성장을 이뤘을까요.

## 고삐 풀린 '수도권 집중'

판교의 성공은 '4차 산업 혁명'으로 산업 구조가 재편되는 흐름과도 맞물립니다. 10여 년 전부터 대기업 인사 담당자 사이에서는 '취업 남방한계선'이라는 조어가 등장했다고 합니다. '명문대를 졸업했거나 우수한 스펙의 취업 준비생들이 양재·기흥 이남 지역의 근무를 기피한다.'는 뜻입니다.

최근에는 사무직은 판교까지만 간다고 '판교 라인', 기술직 엔지니어는 용인시 기흥이 마지노선이라고 해서 '기흥 라인'이라는 말이 나옵니다. 화성 현대차 남양연구소, 평택 삼성반도체 클러스터도 기흥 라인에서 멀지 않습니다.

"대기업 지방 근무직은 면접 때 애인이 있다고 하면 뽑지 않는다."는 말이 나온 지도 꽤 됐습니다. 우수 인재들이 지방 근무를 1년도 못 버티고 퇴사한다는 것입니다. 정착하기에는 수도권과 교육, 문화 격차가 크다는 게 기피 사유입니다.

2008년 수도권 규제 완화에 물꼬가 트이면서 수도권 집중에 속도가 붙었습니다. 국내 30대 그룹 중 등기상 본사가 지방인 기업은 포스코(경북 포항), 현대중공업(울산), 카카오(제주), 하림(전북 익산) 4개뿐입니다. 포스코의 경우 서울로 지주 회사를 옮기려다 논란이 되기도 했죠. 삼성중공업, 현대중공업, 두산중공업, SK케미칼, 한화테크윈 등은 이미 판교로 연구 개발(R&D) 기능을 옮겼습니다. 본사와 공장이 경기 이천으로 '기흥 라인' 외곽이던 SK하이닉스가 2019년 120조 원 규모의 공장을 용인에 짓기로 한 것은 결정타였습니다. 연구소뿐 아니라 대기업의 제조

공장마저 지방을 떠나 수도권으로 향하게 된 것입니다.

수도권이 부풀어 오르며 최근엔 '수청권(수도권＋충청권)'이라는 말까지 등장했습니다. 제조업 공장들이 경기도 접경인 충청도 북부를 따라 입주하며 수도권이 '불건전한' 팽창을 하고 있는 셈입니다.

최근에는 제조업 기업이 본국으로 돌아가는 현상(리쇼어링) 촉진을 위해 국내 복귀 기업에 수도권 부지를 우선 배정하고, 수도권에도 첨단 산업이나 연구 개발 센터가 옮겨 오면 새롭게 각종 혜택을 주기로 했습니다. 글로벌 경쟁을 하는 대기업을 다시 한국으로 유인하기 위한 정책이라지만, 이대로면 한국의 거의 전 산업을 수도권에 몰아넣을 기세입니다.

국토연구원의 2019년 기업 28만 4,424곳 분석 결과 연구 개발비 지출을 통해 고용·매출 성장을 함께 달성한 '혁신성장기업'은 대부분 서울과 경기도 남부에 몰려 있었습니다. 이를 스타트업으로 좁히면 수도권 집중은 더욱 두드러집니다. 스타트업민관협력 기관인 스타트업얼라이언스 '2019년 스타트업 주소 분석 트렌드 리포트'에 따르면 10억 원 이상 투자를 받은 575개 스타트업 중 90%가 수도권, 80% 이상이 서울, 절반이 강남구·서초구, 3분의 1이 테헤란밸리 부근에 있다고 합니다. 강남-판교-지방으로 이어지는 위계가 뚜렷합니다.

가장 주목받는 첨단 산업으로 떠오른 바이오는 주식 시장만 아니라 스타트업에서도 가장 뜨거운 분야입니다. 생명공학정책연구센터 '국내 바이오 중소·벤처 기업 현황'에서 2019년 기준 바이오·의료 분야 신규 투자는 1조 1,033억 원으로 전체의 25.8%를 차지해 2년 연속 1위를 차지했습니다. 바이오 중소·벤처 기업 2,496개 중 경기 665개, 서울 519개, 인천 67개로 수도권이 절반에 달했습니다. 바이오산업 메카로 꼽히는 대전은 206개, 충북은 179개, 충남은 111개로 집계됐습니다.

2021년 중소벤처기업부 'K-바이오 랩허브' 후보지로 대전과 충북 등을 제치고 인천 송도가 선정되면서 국가 균형 발전을 외면했다는 비판이 나왔습니다. 대전은 정부출연연구기관과 카이스트 등 연구 인프라가 잘 갖춰진 곳이라 충격이 컸습니다. 대전 바이오산업을 선도한 LG화학(LG생명과학)이 서울 마곡으로 옮기면서 인력 유출이 있던 터라 아쉬움은 더욱 컸습니다.

초기 바이오기업 사무실에 가 보면 컴퓨터와 책상만 있는 경우가 많습니다. 실험 기구와 약물로 채워져 있는 연구실과는 사뭇 다른 모습입니다. 연구실은 '드라이 랩(Dry Lab)'과 '웨트 랩(Wet Lab)'으로 나뉘는데 드라이 랩은 기존 자료를 분석해 새로운 과학적 지식을 만드는 사고 실험 공간이라고 할 수 있습니다. 창업자들이 아이디어만 가지고 벤처 투자를 받아 약물을 개발하는 바이오텍입니다.

이런 공간이면 판교가 아니어도 상관없지 않을까요. 바이오스타트업을 창업한 이광희 부스트이뮨 대표는 『경향신문』 인터뷰에서 다음과 같이 말했습니다.

> "벤처캐피털이 몰려 있는 강남과 경기 남부권 사이의 판교는 최적의 장소죠. 한미약품, 동아제약, 유한양행 등 대형 제약사들이 경기 남부권에 있거든요. 스타트업은 사람이 적으니 특히 경험이 풍부해야 합니다. 기업에 있던 사람이 나와 창업하는 경우가 많고, 사람을 뽑을 때도 경험 있는 사람이 필요하다 보니 기존 기업들이 모인 곳에서 시작하게 되는 거죠."

바이오 클러스터로 전 세계 최고인 곳이 하버드대학교와 MIT가 있는 미국 보스턴이라고 하는데요. 코로나19 백신을 개발한 화이자와 모더나 역시 보스턴에 있죠. 신약 개발 과정은 마라톤과 비슷하다고 합니다. 처음 10km는 대학에서 기초 연구를 하고, 20km 지점에서는 신약이 될 만한 물질로 임상 시험을 하는 거죠. 30~40km는 세 번의 임상을 거쳐 시판하는 단계라고 하는데요. 글로벌 제약사를 가 보면 생물학자, 화학자, 약사, 의사, 임상 간호사에 대관 업무 담당까지 있다고 합니다. 신약 개발이 '자연 과학의 종합 예술'로 불리는 이유입니다. 한국 제약사들도 최근에는 보스턴으로 진출하는 추세라고 합니다. 경험이 풍부한 미국에서 부족한 부분을 보완하려는 것이죠. 단순히 돈과 땅을 내

준다고 해서 기업을 유치할 수 없는 첨단 산업의 현실입니다.

## 빈집이 넘치는 농어촌

2022년 제20대 대통령 선거는 '부동산 선거'로도 불렸습니다. 부동산이란 '움직여 옮길 수 없는 재산'이라는 뜻으로 토지나 건물을 말합니다. 여러분이 사는 집도 부동산의 하나예요. 대선 결과를 가를 만큼 부동산은 한국 사회에서 가장 뜨거운 이슈입니다.

서울을 포함한 수도권의 부동산 가격은 폭등하지만 고령화와 인구 감소를 한꺼번에 겪는 지방의 농어촌과 중소 도시에는 빈집이 넘쳐납니다. 서울 빈집 비율은 3.2%인 반면 비수도권 8개 도 (광역시 제외)는 빈집 비율이 10%를 넘어섰습니다. 서울에서 집이 비싸 못 사는 이유와 지방에 빈집이 느는 이유는 떼어 놓고 생각할 수 없는 '동전의 양면'입니다. 지방 청년들은 일자리가 없어 서울로 떠나고, 서울에서는 집 없는 청년들이 불안정한 주거에 미래 계획을 미룹니다. 서울과 지방의 주택 사정은 한쪽이 오르면 한쪽은 떨어지는 '시소게임'이 될 수밖에 없습니다.

충북 증평군의 A마을은 요즘 빈집 문제로 골머리를 앓고 있습니다. 주민 146명이 78가구에 사는 이 마을에 빈집이 15채나 됩니다. 주로 혼자 살던 어르신이 돌아가시거나 마을을 떠나게 되면서 비게 된 집들입니다. 2021년 여름 이곳에서는 사람의 온기가 사라진 집 여러 채를 확인할 수 있었습니다.

마을 한쪽에 자리한 빈집 ①호는 지어진 지 100년 가까이 된 단독 주택입니다. 빈집이 된 건 2년 전, 혼자 살던 할머니가 요양원에 가게 되면서부터입니다. 넓은 마당에는 사람의 손길이 닿지 않아 잡초가 무성하게 자랐습니다. ①호 집에서 조금 떨어진 ②호 집 역시 혼자 살던 할머니가 농촌 생활이 힘에 부치자 인근 도시 청주로 이사 가는 바람에 빈집이 됐습니다. 대문 위 우편함은 우편물로 수북했고 마당에는 쓰레기가 가득합니다. 주인 할아버지가 돌아가시며 빈집이 된 ③호는 스산한 기운마저 풍겼습니다. 문틈으로 들여다본 집 마당에는 쓰레기가 높이 쌓였습니다. 주민들은 이 집을 지날 때면 낮에도 겁이 난다고 입을 모았습니다.

빈집 문제는 A마을만의 문제가 아닙니다. 한국농촌경제연구원이 주택 전력 사용량을 분석해 2019년 한 해 동안 매달 10KWh 이하의 전력을 사용한 농어촌 가구를 빈집으로 가려낸 결과 전국 주택의 4.99%에 달하는 26만 채가 빈집으로 나타났습니다.

빈집은 '마을의 블랙홀'입니다. 컴컴한 기운이 주변 활기를 앗아 가고 마을 경관을 훼손할 뿐 아니라 안전도 위협하기 때문입니다. 한국농촌경제연구원이 빈집이 있는 5개 마을 주민 94명에게 '빈집으로 우려되는 문제'를 묻자 마을 경관 훼손(57.4%)과 잡초와 쓰레기 방치(54.3%)에 못지않게 주택 붕괴·화재 위험(45.7%)을 꼽았습니다. 과거 창고로 쓰이던 ④호는 주민들이 가장 걱정하는 공간입니다. 건물 일부가 얇은 시멘트 다리 위에 걸쳐 있는데, 다리 기둥을 떠받치는 돌이 자꾸 떠내려가기 때문입니다. 사고라도 날까 봐 불안하지만 땅 주인과 건물 주인이 합의를 못 해 철거는 언감생심입니다. 빈집도 엄연한 사유 재산이라 철거하려면 집주인의 동의가 필요합니다.

빈집 철거 비용은 300만~700만 원에 이릅니다. 타 지역에 사는 집주인으로서는 집을 다시 지을 이유가 없으니 선뜻 부담하려 하지 않는다고 해요. '빈집법 시행령' 개정으로 2021년 10월부터 도시 지역 빈집은 소유자가 철거 명령을 따르지 않을 경우 지자체가 이행강제금을 부과하도록 했습니다. 하지만 농어촌 빈집은 해당되지 않아요. 전문가들은 농어촌 빈집도 도시 지역의 빈집과 같이 철거를 유도하는 제도가 필요하다고 지적합니다.

도시는 생물에 비유되곤 합니다. 끊임없이 변화하고 성장해 간다는 점에서요. 반대 해석도 가능할 것입니다. 생기를 잃고 쪼그라들거나 사라질 수 있으니까요. 팽창을 거듭해 온 수도권과 달리 비수도권에는 빛나던 과거를 뒤로하고 쇠락해 가는 중소 도시가 많습니다.

충청북도 제천시는 청주와 충주에 이어 충북에서 세 번째로 큰 도시입니다. 1970~1980년대 시멘트와 석탄 산업으로 호황을 누린 곳 중 하나지요. 석회암 지대였던 이곳에 시멘트와 석탄 기업이 들어섰고 시멘트와 석탄 등 정책 물자의 70% 이상이 제천역을 거쳐 갔습니다. 워낙 경기가 좋아 역 앞은 '지나가는 개도 만원짜리를 물고 다닌다.'는 우스갯소리가 생길 정도였습니다. 특히 제천역 인근 중앙동은 재래시장 3곳이 몰려 있어 제천과 단양은 물론 강원도 정선과 태백을 아우르는 중심 시장이었습니다. 물건과 사람으로 언제나 북적거렸지요.

하지만 1990년대 시멘트와 석탄 등 광공업이 쇠락하고 도로 교통이 발달하면서 지역 경제도 기울었습니다. 인구도 줄기 시작했어요. 1980년 16만 2,013명이던 인구도 13만 1,407명(2022년 1월)으로 줄었습니다. 제천 최고 중심가였던 중앙동은 옛 활기를 잃었습니다. 거리 곳곳에는 '임대 문의' 현수막이 걸렸습니다. 인구 감소에 코로나19가 겹치자 가게를 접은 상인들이 속출했기 때문입니다. 지방 중소 도시 원도심(초기 도시 발전에서 중심 역할을 한 지역)의 생명은 서서히 꺼져 가는 듯 보입니다.

산업 구조 변화와 수도권 집중으로 중소 도시들은 빠르게 쇠퇴하고 있습니다. 한국고용정보원은 2020년 7월 '포스트 코로나19와 지역의 기회' 보고서에서 대부분의 군(郡)이 소멸 위험 단계에 들어선 것은 물론 시(市)도 소멸 위험 단계 진입이 본격화되고 있다고 분석했습니다. 제천시는 지난해 소멸 위험 지역으로 추가된 6개 시 중 한 곳입니다. 전남 나주, 경기 여주·포천, 강원 동해·강릉도 포함돼 있습니다. 소멸 위기가 비단 농어촌 지역만의 일이 아닙니다.

같은 도시 안에서도 원도심은 특히 가파르게 쇠락하고 있습니다. 인구 감소가 뻔한 상황에서 도심 외곽을 개발하면서 얼마 안 되는 원도심의 활기까지 빼앗기는 탓입니다. 제천에도 강제동, 장락동 등 외곽에 아파트 단지와 대형 마트가 들어서며 원도심 인구와 상권이 빠져나갔습니다. 주민들은 저렴한 가격에 넓은 신축 아파트를 살 수 있었지만 원도심의 주거 환경이 나빠지는 것을 막을 수는 없었습니다.

변화는 학교에도 영향을 미쳤습니다. 1908년 중앙동에 설립된 동명초등학교는 2010년대 들어 학생 수가 줄면서 폐교 위기에 빠졌습니다. 1990년대 초반 2,800명 안팎이던 학생 수가 줄어 2012년에는 신입생이 22명에 불과했습니다. 졸업생들이 폐교를 반대하고 나서면서 2013년에 아파트가 많은 천남동으로 이전했습니다.

학교가 떠난 자리에는 2024년 상반기 개관을 목표로 예술의 전당 건립 공사가 진행 중입니다. 2020년에는 중앙동 '문화의 거리'에 인공폭포와 수로 등을 설치해 정원을 만들었습니다. 쇠퇴하는 도시 환경을 개선하는 도시재생 사업의 일환이었죠. 거리는 밝아졌지만 과거의 북적거림은 볼 수 없습니다. 도시 외곽의 개발과 원도심 도시재생으로 이어지는 '지방 도시의 발버둥'은 도시를 살릴 수 있을까요.

# 수도권 '집값'은 폭등하는데

　빈집은 넘치고 살 사람은 없는 비수도권과 달리 수도권은 '살 집이 없다.'라고 아우성입니다. 찾는 사람이 많으니 수도권 부동산 가격은 끝을 모르고 치솟습니다. 수도권의 ㎡당 아파트 매매가격(실거래 평균)은 2006년 1월 384만 원에서 2021년 7월 804만 원으로, 서울은 521만 원에서 1,405만 원으로 올랐습니다. 같은 기간 비수도권 아파트는 131만 원에서 317만 원으로 상승했습니다. 면적 84㎡ 아파트 평균값 기준으로 비수도권이 1억 1,000만 원에서 2억 6,600만 원으로 오를 때 서울이 4억 3,700만 원에서 11억 8,000만 원으로 오른 셈입니다.

　2020년 비수도권의 주택 보급률이 110.1%인 반면, 수도권은 99.2%, 서울은 96.0%였습니다. 수도권과 비수도권의 부동산 시장 차이는 결국 수도권 집중 때문입니다. 일자리를 찾아 상경하는 청년들로 수요가 끊이지 않는 것이 수도권 주택 부족의 근본 원인입니다. 일자리와 인프라 격차 등으로 발생한 부동산 가격 격차가 결국 수도권과 비수도권 간 격차를 더욱 벌리는 것입니다.

　이 격차는 '자산 격차'로도 이어집니다. 한국 사회에서 집은 거주 수단이자 자산을 늘리는 수단이기도 합니다. 집값이 오르고 떨어지는 데 민감한 것은 그래서이죠. 수도권 집중으로 서울에 집을 가진 이들의 자산은 빠르게 불어났습니다. 2021년 12월 통계청 가계금융복지조사에 따르면 같은 해 3월 말 기준 수도권 가구의 순자산은 5억 1,992만 원으로 2017년보다 41.5%가 올랐습니다. 전국 순자산 증가율(31.3%)보다 높습니다. 반면 비수도권 가구의 순자산은 2017년(2억 6,777만 원)에서 2021년(3억 1,413만 원)으로 4,638만 원(17.3%) 늘어나는 데 그쳤습니다. '어디에 사느냐'가 자산 규모까지 결정하는 것입니다.

## 내가 쓰는 전기는 어디서 만들까

아침에 눈을 뜨는 순간부터 늦은 밤 잠이 들 때까지 단 한 순간도 없어서는 안 되는 것이 있습니다. 스마트폰이라고요? 하하, 그럴 수도 있겠네요. 그렇지만 스마트폰을 충전하려면 꼭 필요한 것이 있지요. 네, 맞아요. 바로 전기입니다. 이 책을 읽는 지금 이 순간에도 여러분의 방에는 전등이 환하게 켜 있을 테니까요.

그런데 여러분은 생각해 본 적이 있나요? 나의 일상을 유지해 주는 이 소중한 전기가 어디에서 왔는지 말이에요. 지금부터는 우리가 매일 쓰는 전기에 누군가의 희생과 지역 간 불평등이 녹아있다는 사실을 이야기해 보려 합니다. 앞으로는 전기 콘센트에 플러그를 꽂는 여러분의 마음가짐이 조금은 달라질지 모릅니다.

충청남도 당진시 석문면 교로리 주민들은 바람이 거세게 부는 날이면 마을에 '아기 울음소리'가 들린다고 말합니다. 아기가 바람 소리에 놀라 그만 울음을 터트려 버리고 마는 걸까요? 아기 울음소리를 내는 것은 가정집이 아니라 교로리 마을 곳곳에 우뚝 서 있는 송전탑입니다.

송전탑이란 고압의 송전선을 잇기 위해 높게 세운 철탑을 말합니다. 발전소에서 전기를 만들고 나면 이 전기를 필요로 하는 곳으로 보내 줍니다. 이를 '송전'이라 부르는데, 그 수단이 되는 가늘고 기다란 선을 '송전선'이라고 불러요. 이 선들을 이어 주기 위해 일정한 간격을 두고 설치된 탑이 바로 송전탑이지요.

마을 곳곳에 송전탑이 생긴 것은 1990년대 말, 가까운 곳에 당진화력발전소가 들어서면서부터입니다. 당진화력발전소는 발전 용량이 6,040MW로 세계에서 가장 큰 석탄화력발전단지입니다. 즉, 석탄을 태워 얻은 열을 활용해 전기를 만들어 낸다는 것이죠.

당진에 사는 사람들에게도 전기는 꼭 필요한 에너지입니다. 하지만 당진에서 만든 전기는 당진에서만 쓰일까요? 그렇지 않습니다. 당진화력발전소에서 생산되는 전기 대부분은 서울과 경기를 포함한 수도권으로 보내집니다. 충청남도는 1991년부터 2019년까지 국내 전체 전력량의 22%인 226만GWh를 생산했는데, 이 중 60% 가까이가 다른 지역으로 보내졌다고 해요. 교로리를 포함해 당진에 세워진 송전탑 484개는 이 전력을 전국 각지로 보내는 데 쓰입니다.

교로리 주민들이 송전탑으로 인해 받는 피해는 소음만이 아닙니다. 이곳 주민들은 볕이 따뜻한 날에도 빨래를 밖에 널지 못합니다. 발전소로부터 탄가루가 날아들어 애써 세탁한 옷이 더러워지기 때문입니다. 그래서 겨울에는 보일러, 여름에는 에어컨을 켜고 1년 내내 집 안에서 빨래를 말리지요. 이 지역의 미세먼지(PM10) 또한 전국에서 가장 높은 수준(2020년 3월 기준)인데, 석탄 화력은 미세먼지 발생 원인으로 알려져 있습니다.

　이뿐일까요. 많은 사람들은 송전탑에서 나오는 전자파가 사람의 몸에 해롭다고 걱정합니다. 아직 전자파로 인한 피해가 공식적으로 인정받은 것은 아니지만, 인체에 영향을 미친다는 연구 결과는 꽤 있습니다. 국제 공중 보건을 책임지는 유엔 기구인 세계보건기구(WHO)는 2007년 극저주파 전자파 노출이 소아백혈병과 상관 관계가 있다는 연구 결과를 인정했습니다. 2021년 9월 충청남도는 2025년까지 20억 원을 들여 고압선 전자파의 인체 영향 등을 조사하겠다고 밝혔습니다. 송전탑으로 인한 건강 우려가 제기된 지 15년이 넘었지만 정부나 지자체 차원의 조사는 이제 첫걸음을 뗐을 뿐입니다. 수도권 사람들에게 전기를 보내 주느라 교로리 마을 주민들의 건강과 재산이 위협받는 상황인 거지요.

　결국 송전탑을 둘러싼 갈등은 수도권이 타 지역에 전력을 의존하는 구조에서 비롯된다고 할 수 있습니다. 국가 에너지 및 기후 변화 정책 연구를 수행하는 에너지경제연구원의 통계에 따르면, 서울의 전력 자립도는 12.7%(2021년 6월 기준)에 불과합니다. 최근 10년간 비수도권에서 수도권으로 전기를 공급하는 인프라에 투자된 비용은 2조 3,000억 원에 달합니다. 지방에서 수도권으로 전기를 보내느라 매년 2,300억 원을 쓴 것입니다.

이번에는 쓰레기로 눈을 돌려 보겠습니다. 여러분이 먹고 버린 과자 봉지는 어디로 갈까요? 쓰고 버리긴 쉽지만 처리하긴 어려운 것이 쓰레기입니다. 이 쓰레기 때문에 몸살을 앓는 마을 사람들도 있습니다.

충청북도 청주시 북이면은 인구 5,000명이 조금 안 되는 농촌입니다. 고소하고 맛 좋은 땅콩이 많이 나는 곳이기도 하지요. 그런데 이 지역 주민들에게는 20년 넘게 계속된 고민이 있습니다. 바로 '암'입니다. 최근 10여 년간 주민 60명이 암으로 세상을 떠났습니다. 5,000명이 안 되는 인구 중 60명이 암으로 사망하다니, 주민들은 북이면에 있는 쓰레기 소각장이 높은 암 발병률의 원인이라고 말합니다.

북이면 장양1리 마을회관에서 반경 3km 안에 소각장 3곳이 들어서 있습니다. 면 한가운데 위치한 소각장에는 매일 쓰레기를 실은 트럭 수십 대가 드나듭니다. 쓰레기를 태우느라 소각장 굴뚝에서는 시커먼 연기가 올라오곤 하지요. 북이면에 소각장이 처음 생긴 것은 1999년입니다. 이후 여러 회사들이 잇따라 들어오면서 현재 3개 업체의 소각 시설이 이곳에 자리 잡았습니다. 세 업체는 1년 365일 소각 시설을 돌립니다. 2019년 태운 폐기물은 18만 5,415t으로 충북 전체 처리량의 54%에 달한다고 해요.

전국의 쓰레기가 북이면으로 몰려들게 된 데에는 여러 이유가 있었습니다. 1994년 수도권정비계획법과 2003년 수도권대기환경개선특별법 등 수도권에 대한 환경 규제가 강해졌습니다. 그러자 소각장들은 규제를 피해 비수도권으로 옮겨 가게 되었죠. 북이면은 이 업체들에게 좋은 타깃이 되었습니다. 서울 등 수도권과의 거리가 가깝고 교통이 편리한 데다 땅값이 쌌기 때문입니다. 게다가 소각장 간 거리나 숫자, 하루에 처리할 수 있는 폐기물의 양 등에 대한 규제가 느슨해 업체들은 주민 동의 없이 시설 규모를 키우기도 했습니다.

한국환경정책평가연구원의 2020년 연구에 따르면 수도권에서 다른 지역으로 옮겨져 처리되는 폐기물은 833t이었습니다. 이 중 북이면이 있는 충청권으로 이동한 폐기물의 양만 514t(61.7%)에 달했어요. 수도권이 쾌적해지는 만큼 북이면 주민들의 희생이 커진 셈입니다. 하지만 수도권 지자체들은 북이면의 고통에 손을 놓고 있습니다. 전체 쓰레기의 90%에 달하는 사업장의 쓰레기를 처리하는 일이 지자체의 업무가 아니기 때문이에요. 현재 우리나라의 법에 따르면 지자체는 주로 가정에서 발생한 생활 폐기물만 처리하면 됩니다. 쓰레기를 만들어 내는 지역 따로, 처리하는 지역 따로인 것이 결국 제도에서 비롯된 것이라 할 수 있겠지요.

그러는 사이, 북이면 주민들의 울분은 커지고 있습니다. 2019년 주민 1,500여 명은 정부에 소각장과 암 발병의 관련성을 밝혀 달라고 요구했습니다. 정부는 조사에 들어갔습니다. 그 결과 소각장 주변의 다이옥신 등 유해 물질의 대기환경농도가 다른 지역보다 높은 것으로 밝혀졌습니다. 주민들의 몸에서 카드뮴과 같은 유해 물질이 높게 나타나기도 했습니다. 하지만 결론은 '소각장과 암 발병 관련성을 명확히 입증할 수 없다.'는 것이었습니다. 이에 분노한 주민들이 항의하며 현재 재조사가 이루어지고 있습니다.

"한강 변에 원자력발전소(원전)를 지을 수 없나요?"

몇 해 전 한국원자력연구원 홈페이지에 누군가 이런 질문을 올렸습니다. 원자력 발전에는 많은 양의 물이 필요한데, 한강 물을 활용하면 수도권에도 원전을 만들 수 있지 않냐는 것이지요. 우리나라는 원전 밀집도가 세계에서 가장 높은 수준으로 모두 영호남 지역에 몰려 있어요. 인구가 밀집한 부산·울산 등 대도시에서 멀지 않고요.

이 질문에 연구원은 기술적으론 어렵지 않지만 "안전에 대한 국민 정서(방사선과 폐기물에 대한 우려)는 현실적인 장애"라며 "만에 하나 발생할 수 있는 가상사고 시 사고 후 관리를 하려면 대규모 인구 밀집 지역을 피할 필요가 있다."고 답변했습니다. 땅값이 비싼 수도권에 발전소를 짓게 되면 비용이 더 든다는 점도 덧붙였어요.

하지만 우리는 생각해 봐야 합니다. '안전에 대한 우려'는 수도권이나 지방이나 마찬가지라는 점을 말입니다.

'님비(NIMBY, Not In My Backyard)'라는 말이 있습니다. '내 뒷마당에는 안 된다.'는 뜻으로 공공의 이익에는 부합하지만 자신이 속한 지역에는 이롭지 않은 일을 반대하는 행동을 가리킵니다. 쓰레기 소각장이나 송전탑과 같이 꼭 필요하지만 사람들이 싫어하는 혐오 시설이 님비의 대상이 될 수 있습니다.

하지만 주민들의 고통을 외면한 채 '님비'라고 말할 수 있을까요? 수도권에 전기를 보내 주고 쓰레기를 대신 태우느라 얼룩진 주민들의 삶은 어떻게 보상할 수가 있을까요. 누군가의 희생으로 쌓아 올린 편리함을 계속 누려도 되는 것일지 진지한 고민이 필요한 때입니다.

# 덴마크의 소각장 겸 열병합 발전소인 '아마게르 바케'

푸른 인조 잔디 슬로프를 시원하게 가로지르는 스키어와 건물 외벽의 인공 암벽을 아찔하게 오르는 시민. 분위기 좋은 레스토랑에서 도시의 풍경을 바라보며 근사한 한 끼를 즐기는 가족까지. 여느 주말의 평범한 한때로 보이는, 특별할 것 없는 장면들입니다. 하지만 이 모든 일이 쓰레기를 태우는 소각장 위에서 이루어지고 있다면 어떨까요?

쓰레기 소각장에서 여가라니. 쉽게 상상하기 어려운 장면이지만 북유럽 국가 덴마크의 수도 코펜하겐에 가면 여러분의 눈으로 직접 확인할 수 있답니다. 소각장 겸 열병합 발전소인 '아마게르 바케(Amager Bakke, 아마게르 지역의 언덕)'에서 말이지요. 열병합 발전소는 발전소의 한 종류로 전기와 열을 동시에 생산할 수 있어 효율적인 에너지 생산 방식으로 알려져 있습니다.

아마게르 바케가 만들어진 것은 2017년입니다. 이곳에서는 매년 40만t의 폐기물을 소각합니다. 이 과정에서 발생한 전력과 열로 주민 60만 명과 기업 6만 8,000곳에 전기와 난방을 공급합니다. 인공 스키장과 산책로와 같은 레저 시설은 이 소각장 굴뚝 아래에 설치되었고요. 너비 200m, 높이 85m의 거대한 미끄럼틀 모양을 한 이 소각장은 코펜하겐 주민들은 물론 전 세계 관광객들이 찾는 명소가 되었습니다.

지금이야 주민들의 사랑을 받는 공간이 되었지만 아마게르 바케가 들어서기까지 많은 우여곡절이 있었습니다. 지금으로부터 10여 년 전, 코펜하겐시와 주변 지역들은 40년간 전기 생산과 온수 공급을 맡았던 발전소가 낡아 더는 쓸 수 없게 되자 고민에 빠졌습니다. 새로운 발전소를 지어야 하는데 인근 주민들은 쓰레기를 태우는 시설을 곁에 두기를 원하지 않았기 때문이지요.

주민들의 지지가 필요했습니다. 궁리 끝에 2011년 옥상을 개방할 수 있는 발전소 디자인을 공모했습니다. 여러 건축사들이 설계안을 보냈고, 이 중 덴마크의 세계적인 건축가 비야케 잉겔스의 설계 그룹 BIG의 디자인이 채택되었습니다.

이로부터 6년 뒤 문을 연 아마게르 바케는 폐기물 소각과 에너지 공급, 주민들의 여가라는 세 마리 토끼를 한꺼번에 잡았습니다. 국토 대부분이 평지라 산을 보기 힘든 덴마크 시민들로서는 높은 인공산 하나를 얻은 것이었지요.

우리나라에도 아마게르 바케와 같은 시설이 생기면 좋겠다는 생각이 들지 않나요?

사실 우리나라에서도 여러 광역자치단체가 참여하는 공공 폐기물 처리 시설 건설이 추진되고 있습니다. 다만 속도가 나지 않을 뿐인데요. 그 이유는 공공 폐기물 처리 시설 건설을 기꺼이 받아들일 만한 지역이 그리 많지 않기 때문입니다. 특히 가장 많은 인구가 몰려 있어 쓰레기양도 많은 서울과 경기 등 수도권의 쓰레기는 가야 할 곳을 빨리 찾아야 하는 상황입니다.

그동안 수도권의 쓰레기를 처리해 온 인천광역시가 2025년부터 쓰레기 매립지 사용을 종료하겠다고 밝혔기 때문인데요. 인천 서구의 매립지를 대신할 '수도권 대체 매립지'는 2021년 7월까지 두 차례 공모했지만 손을 든 지자체는 한 군데도 없었습니다. 같은 해 7월부터 9월까지 진행한 공공폐자원관리시설 입지 후보지 공모 또한 참여 지자체가 없어 무산되었고요. 공공폐자원관리시설이란 불법으로 방치된 폐기물이나 홍수 등 자연재해로 인해 생긴 방사성 물질 등 유해 폐기물을 처리하는 곳을 가리킵니다.

아마게르 바케처럼 눈이 번쩍 뜨이는 아이디어를 제시하지 않는 이상, 쓰레기 소각장과 같은 시설을 기피하는 주민들의 마음을 되돌리기란 어려워 보입니다.

기피 시설 설치 문제를 풀기 위해서는 어떤 아이디어가 필요할까요?

아마게르 바케

우선 관련 제도를 '환경적 형평' 원칙에 맞도록 새로 설계해야 합니다. 발전소에서 거리가 먼 곳일수록 전기 요금을 비싸게 부과하는 '지역별 차등 전기 요금제'를 예로 들 수 있지요. 이 제도를 도입하면 기피 시설 가까이에 사는 주민들은 상대적으로 저렴하게 전기를 사용할 수 있을 것입니다. 매일 편리하게 쓰는 에너지가 누군가의 희생을 통해 만들어지고 있다는 사실을 깨닫고 절약을 결심하는 계기가 될 수도 있습니다.

폐기물을 만들어 낸 곳에서 처리 또한 맡는 방향으로 제도가 바뀌어야 한다는 목소리도 있습니다. 이것을 '발생지 처리 원칙'이라고 하는데요. 실제 환경부는 시와 도의 경계 밖에서 처리되는 폐기물에 대해 '타 지역 폐기물 반입 협력금'을 도입하는 방안을 검토하고 있습니다. A지역에서 만들어진 쓰레기가 B지역에서 태워질 경우 A지역으로부터 협력금을 걷어 B지역의 처리 시설 주변을 지원할 수 있도록 하는 것입니다. 일정 규모 이상으로 공공 시설이나 주거 단지가 들어서면 폐기물 처리 시설을 해당 지역에 설치하는 것을 의무화하는 방안도 거론되고 있습니다.

기피 시설 운영을 받아들인 지역 주민들에게 시설 운영에 따른 수익이 돌아가도록 하는 것도 중요합니다. 시설 설치 과정에서 지자체와 사업자, 주민 등 주체가 긴밀하게 협력하고 주민들이 흔쾌히 받아들일 만한 혜택을 제시해야 합니다. 그래야 오직 희생만을 강요하는 지금의 불평등이 조금이라도 해소되지 않을까요.

# #4

# 살 만한
# 지역을
# 만들려면

지역에 산다면 이런 생각을 할 수도 있을 것 같습니다. 그냥 열심히 공부해서 대도시로 뜨면 되는 것 아닌가? 굳이 부모님이 하던 일을 물려받아 고향에서 살아야 할까?

각자의 선택이니 정답은 없습니다. 다만 지역이 모두에게 떠나고 싶은 공간은 아닐 거예요. 용접 노동자 출신 작가인 천현우 씨는 고향이 반드시 떠나고 싶은 공간은 아니라고 말합니다. 마산 토박이인 그는 2009년에 일을 시작한 뒤 열 번이나 이직을 경험했다고 합니다. 그만큼 지역의 일자리가 열악했다는 얘기죠. 하지만 지방은 집값이 싼 데다 생활비가 적게 들어 일상생활을 하는 데 어렵지는 않다고 말합니다. 무엇보다 고향에는 여전히 친구들이 있고 추억의 공간이 남아 있기 때문이지요.

하지만 무언가 하고 싶은 일이 생기면 결국 서울로 떠나야 하는 게 현실입니다. 이러한 지역 탈출 흐름을 막기 위해서는 결국 개인의 노력이 아닌 정부와 지자체의 정책과 제도가 필요합니다. 지역 발전 전략은 크게 두 가지 흐름이 있습니다. 지방의 자치권을 확대하는 지방 분권 정책과 지역 간 불균형을 시정하는 균형 발전 정책입니다. 지역의 총체적 역량을 극대화하는 것이 목표이기 때문에 지방 분권과 균형 발전은 상충적 관계가 아닌 보완적 관계로 봐야 할 것 같습니다. 최근 지역 불균형 문제를 해결하기 위한 두드러진 움직임이 등장했습니다.

# 메가시티는 무엇인가

'메가(Mega)'는 '크다' '거대'라는 뜻의 그리스어 단어에서 유래했습니다. 공룡 중에는 메갈로사우르스가 있고, 확성기는 메가폰이라고 하죠. 최근 도시(City)에 메가가 결합한 메가시티(Megacity)라는 단어가 언론을 통해 자주 소개되고 있습니다.

메가시티는 핵심 도시를 중심으로 일일 생활이 가능하도록 하는 인구 1,000만의 대도시권을 일컫습니다. 최근 회자되는 메가시티는 인구에 방점이 찍혀 있기보다는 행정 구역이 달라도 생활, 경제 기능이 연결되어 있는 광역권을 의미한다고 생각하면 됩니다.

메가시티 구상이 처음 부상한 곳은 부산·울산·경남을 합친 '부울경(동남권) 메가시티'입니다. 20대 대통령 선거에서 각 후보들이 지역 발전 공약으로 메가시티에 주목하면서 권역별 메가시티 논의가 전국으로 확산했습니다.

메가시티 논의는 이전의 균형 발전 정책만으로는 현재의 수도권 집중을 막을 수 없다는 판단에서 출발했습니다. 균형 발전 해법으로 공공 기관과 대기업 지방 이전을 주장했지만, 근본적 문제를 해결하기에는 한계가 있습니다. 혁신도시를 전국에 10곳이나 '분산'하면서 지역 나눠 주기에 그쳤고, 정부 공모 사업에 대한 지역 간 경쟁과 중복 투자로 수도권의 중력에 끌려가지 않는 거점을 만드는 데 사실상 실패했습니다. '4차 산업 혁명'으로 제조업조차 지식 산업으로 변모해 고급 연구 인력 확보가 최우선이 되는 상황에서 대기업의 수도권 이전은 경쟁력을 위한 선택이 되어 가고 있습니다. 지방에 기업을 강제 이전하는 것은 불가능한 일이죠.

또한 어떤 시설이 입지하기 위한 배후 수요가 백화점은 50만 명, 상급 종합 병원은 30만 명, 영화관과 대형 마트는 10만 명 정도라고 하는데요. 인구가 적은 지역의 정주 여건을 대도시 수준으로 올리는 것이 어렵다는 얘깁니다. 지방 분권이 격차를 완화한다는 이상을 넘어 선택과 집중이 필요하다는 현실을 부정하긴 어렵습니다. 흩어져 있는 대도시권-지방 도시-농어촌 지역을 압축하고, 여러 개의 거점 도시를 교통망으로 연결해 규모를 키우는 메가시티 구상이 나온 이유입니다. '분산을 위한 집중', 수도권 일극에 맞서 다극 구조를 만드는 것이 메가시티의 목표인 것이죠.

초광역권 논의가 나오는 곳은 동남권을 비롯해 충청권(충남·충북·세종), 호남권(광주·전남), 대경권(대구·경북)이 있습니다. 다만 지역별로 속도나 방향에는 차이가 있는 상황입니다. 거점도시의 규모가 작은 전북, 강원, 제주는 지역 간 연계·협력을 강화하는 '강소권'이 제시됐습니다.

경남에서는 어떤 이유로 메가시티 논의를 시작했을까요. 경남

창원에 사는 두 대학생의 이야기를 재구성해 봤습니다.

○○ = 용원 신도시는 STX조선해양 덕에 커졌어요. 10년 전만 해도 밤이면 먹자골목에서 조선소 직원들끼리 어깨가 부딪칠 정도였는데 이젠 활기를 다 잃었죠. 대학 안 가고 STX 훈련생을 하거나 녹산공단 르노삼성에도 많이 취업했는데, 다 어렵잖아요. 요즘은 고등학교만 졸업하면 아무튼 서울로 가겠대요. 망해도 서울에서 망하겠다고. 유서 깊은 지역 명문고에서도 20~30대는 동창회를 열지 못한대요. 서울 가서 소식 끊기고 먹고살기 힘드니 조직이 어렵다는 거죠.

△△ = 지방에 있으면 조바심이 나요. 창원에서 제일 좋은 일자리가 LG창원공장인데 떠나겠다는 걸 억지로 붙잡아 놨잖아요. 쿠팡 물류센터를 김해에 유치하느라 경남도에서 돈을 엄청 썼대요. 그렇게라도 안 하면 일자리가 있을 수 없죠.

○○ = 고향에서도 생활을 꿈꿀 수 있으면 좋겠어요. 여기서는 취업하고 처자식 굶기지 않고 노후 준비하는 '정상 가족'이 어려워요. 갈 만한 기업이 없고 갈 만한 데는 마흔만 돼도 나가라 하니까요.

△△ = 부산 정도면 생활권이 괜찮거든요. 지하철도 있고 문화 시설도 다양하고, 교통만 편해져도 할 수 있는 게 많아지지 않을까요.

'부울경 메가시티'는 부산·울산·경남(부·울·경)을 1시간 이동 생활권이 가능하도록 연결하는 초광역권을 만들려고 하고 있습니다. 이동이 쉬워지면 인근 지역과 자원을 공동 활용해 산업·일자리의 확장을 꾀할 수 있죠. 목표는 수도권 일극 체제의 극복입니다. 수도권(도쿄권) 외에 오사카권, 나고야권을 둔 일본처럼 수도권에 버금가는 지역 거점을 만들자는 구상입니다. 부·울·경을 합치면 인구 800만 명에 지역내총생산(GRDP)은 280조 원으로 웬만한 국가 규모입니다.

비수도권에선 현실성 있는 전략으로 기대를 모으고 있습니다. 공공 기관과 대학의 지방 이전, 혁신도시 조성 등 기존의 균형 발전 대책으로는 '수도권 팽창-지방 소멸'을 막을 수 없다는 위기감이 지방자치단체들을 뭉치도록 한 것인데요. 대도시-지방 도시-농어촌을 교통망으로 압축해 규모를 키워야 지방이 살 수 있다는 겁니다.

메가시티 구상을 만들어 낸 경남연구원에서 강조하는 부울경 메가시티의 토대는 "광역 대중교통망을 통한 부·울·경의 연결"입니다. 창원과 부산의 직선거리는 50km 정도이지만, 자동차가 없으면 출퇴근이 어려울 정도이다 보니 마음의 거리는 500km로 느껴진다는 말까지 나옵니다. 이 때문에 자동차(Motor)가 아닌 지하철(Metro)을 연결해 판교에서 강남을 다니듯 쉽게 만들자는 것이죠.

경남도에서는 '통근 전철'의 필요성을 다음 사례로 설명합니다. 최근 유행하는 바버샵이 창원에도 생겨 도지사가 방문했다고 합니다. 디자이너에게 미용 기술을 어디서 배웠는지 물어보니 부산에서 배웠다고 했답니다. 놀라운 얘기는 통근이 힘들어 부산에서 반년 동안 방을 얻어 학원에 다녔다는 것이죠. 창원 도심인 상남동에서 부산역까지 거리는 40km가 안 됩니다. 수도권이면 수원역에서 서울 시청역 거리 정도. "방 구하는 건 똑같은데 부산 갈 바에 차라리 서울 가겠다."는 말이 나오는 이유입니다. 목포에서, 순천에서 광주를 대중교통으로 오가기 불편한 호남권도 마찬가지입니다. 서울로 유출되는 지방 청년의 단면입니다.

경남에서는 20~30대 청년 인구 순유출이 2015년 6,000명이었는데 2019년 1만 8,000명으로 세 배 늘었습니다. 경남 의령군 인구가 2만 7,000명이니 1년 6개월마다 군 하나가 사라지는 상황입니다. 교통 인프라 확충은 단순히 편의만을 위한 것이 아닙니다. '기회의 확장'을 의미합니다. 동남권은 인구 340만 거점 도시인 부산에 문화·교육·금융 인프라가 있지만, 서비스 업종을 제외하면 일자리가 마땅치 않습니다. 창원, 김해 등 인접 도시에는 제조업 일자리가 많지만, 정주 여건은 떨어집니다. 메가시티는 점처럼 단절된 도시들을 연결해 서로의 약점을 보완하고 시너지를 내자는 것이죠. 수도권 역시 철도망을 따라 확장한 것을 생각하면 교통의 역할을 어째서 강조하는지 알 수 있습니다.

교통 인프라의 격차는 수치로 드러납니다. 2018년 기준 수도권 철도 노선 연장은 1167.3km에 역 수는 678개였습니다. 반면 비수도권에서 가장 연결이 잘 된 동남권조차 163.5km에 150개였습니다. 2014년부터 2021년까지 수도권 또는 수도권 연결 철도사업 국가예산 총합은 10조 9,000억 원이었지만, 비수도권을 연결하는 철도사업은 4조 3,690억 원으로 절반 수준이었습니다. 2014년부터 2020년까지 중앙 정부 광역철도 예산 3조 3,535억 원(94.3%)이 수도권에 투입됐고, 비수도권에는 2,044억 원(5.7%)만이 투입됐습니다. 직관적으로 수도권에서는 서울에서 충남 천안까지 전철을 이용할 수 있죠. 서울에서 강원 춘천까지도 한 번에 전철로 이동이 가능하지만, 비슷한 거리인 창원에서 울산은 대중교통을 여러 번 갈아타야 합니다. 서울을 중심으로 한 종적 국토 구조가 교통에서 확연히 드러나는 셈입니다.

불균형의 극복은 '예비타당성조사(예타)'라는 벽에 번번이 부딪힙니다. 건설 비용을 들인 데 비해 이용하는 사람이 적어 투자를 하기 어렵다는 겁니다. 하지만 지방에서는 수도권과 비수도권을 동일 기준으로 보면 격차가 영원히 극복될 수 없다는 지적이 나옵니다. 이를테면 수도권은 인구 밀도가 높기 때문에 어떤 철도를 깐다고 하면 이용하는 사람의 숫자가 높게 나올 수밖에 없습니다. 반면 비수도권은 인구 밀도가 낮기 때문에 철도를 이용하는 사람의 숫자가 작다는 것이죠. 하지만 반대로 생각하면 이러한 교통 인프라가 없다 보니 개발이 더뎌지고 인구가 적은 것 아니냐는 비판도 가능하겠죠. 20세기 산업화 시대 발전을 '한강의 기적'으로 표현합니다. 21세기 균형 발전을 위해서는 낙동강도, 영산강도 필요하지 않을까요. 지방에서는 이러한 분산을 위해 뭉치려 하고 있습니다.

하지만 부울경 메가시티는 2022년 6월 지방선거에서 이들 지역 자치단체장이 바뀌면서 출범을 앞두고 좌초됐습니다. 당초 메가시티의 행정 조직인 부울경 특별연합을 통해 교통망 구축, 경제권 구축, 산업 육성 등 단일 시도의 관할 범위를 넘어서는 광역 행정을 수행하려 했지만, 경남과 울산이 실익이 없다며 부울경 특별연합 추진 중단을 선언한 것입니다. 이에 대안으로 '초광역 경제동맹'이 제안됐지만, 법적 근거가 없는 경제동맹은 실효성이 떨어진다는 지적이 나옵니다.

애초에 메가시티를 두고 새로운 '위계'를 만드는 것 아니냐는 비판이 있었습니다. 부울경 메가시티 안에서도 경남·울산이 부산의 보조 역할을 하게 될 것이라는 회의적 시선이 있었고, 서부 경남 홀대론이 나오기도 했습니다. 시선을 다른 지역으로 돌리면 메가시티 자체가 동남권처럼 산업 기반이 튼튼한 지역 위주의 구상 아니냐는 눈총도 없지 않습니다. 이러한 성장에서 결국 농촌은 소외될 수밖에 없다는 우려도 큽니다. 지역 소멸의 위기감은 공유하면서도 제각각 셈을 하는 복잡한 현실을 보여줍니다.

그럼에도 메가시티 찬성 측에서는 현재 지나친 수도권 쏠림 현상을 극복하려면 선도 모델이 필요하다고 설득하고 있습니다. 메가시티가 최선인지는 알 수 없지만, 뾰족한 대안이 없는 상황에서 차선은 될 수 있다는 주장입니다. 앞으로의 변화를 지켜봐야겠습니다.

## 4차 산업 혁명 시대에 제조업이 성장하려면?

처음부터 수도권 일극 체제는 아니었습니다. 1970년대 이후 동남권은 한국 제조업의 중심지였습니다. 조선·자동차·기계는 전방 산업으로 이끌고, 철강과 석유 화학이 후방 산업으로 소재를 공급했습니다. 수출 주도 대기업과 부품을 공급하는 하청 업체들의 생산 네트워크 속에 대기업이 잘 나가면, 중소기업도 성장했습니다. 하지만 2009년 글로벌 금융위기 이후 판이 뒤집혔습니다. 선박 수요가 대폭 줄면서 조선업이 먼저 붕괴했고, 중국 내수 산업이 발전하면서 기계, 자동차, 철강 산업 성장이 연쇄적으로 정체했습니다. 이들 산업으로만 '특화된' 제조업 도시들은 대안 없는 침체에 빠지게 된 것이죠.

수도권 제조업은 동남권과 운명을 달리했습니다. 반도체, 정보 통신 산업 중심으로 성장한 수도권은 2010년대 이후 '4차 산업' 흐름에 올라탔습니다. 모바일, 인공지능, 빅데이터 등 ICT 분야의 성장과 함께 제조업에서도 기술 혁신이 시작됐습니다. 반도체 품귀로 자동차 생산 차질을 빚는, 오늘날 제조업의 디지털화·스마트화입니다. 첨단 산업은 고급 노동력이 필요하고, 이를 공급하는 대학은 수도권에 몰려 있습니다. 동남권을 비롯한 비수도권이 직면한 구조적 위기입니다.

2015년 800만 명을 찍었던 동남권 인구는 5년여 만에 20만 명 줄었습니다. 유출 인구의 76%가 수도권을 향했고, 그중 20~39세가 71%를 차지했습니다. 현대차 생산직은 약 5만 명인데 2025년까지 1만 명 이상 정년퇴직합니다. 추가 고용 계획은 없습니다. 미래 차 변혁에 따른 인력 재편 때문입니다. 전통적인 중후장대 산업(조선, 철강, 기계, 플랜트 등 중화학 공업)도 상황은 비슷합니다. 2015년 대규모 구조조정으로 폐업이 잇따른 조선업계는 과거 같은 일자리 창출은 불가능하고, 포스코·현대제철 등 대형 일관 제철소는 관리 인력을 제외하면 생산 공정에 사람의 노동력이 필요하지 않은 상황이라고 합니다. 제품, 공정, 엔지니어 세 분야를 동시에 혁신해야 하는 어려운 상황입니다.

방향은 두 가지입니다. 수도권과 차별화되는 신산업 육성과 기존 산업의 고도화입니다. '동남권 발전계획 수립 공동연구 보고서'에서는 수소 산업 생태계 구축, 원전해체 산업 육성, 부유식 해상풍력발전 클러스터 조성, 국가제조혁신 클러스터 육성 등을 주요 과제로 세웠습니다. 이를테면 수소의 경우 항만 등 기존 인프라와 연계해 수소차, 수소연료선박 등 신산업 육성에 나서는 겁니다. 포스코는 온실가스 배출을 줄이기 위해 철을 생산할 때 석탄 대신 수소를 활용하는 수소환원제철 기술을 적극 개발하고 있습니다. 원전해체 산업의 경우 기존 원전 기업의 사업 전환을 유도하면서 고리1호기 등의 해체를 통해 기술력을 쌓고, 국내외 시장에 진출한다는 복안입니다. 부유식 해상풍력발전은 중공업 회사들이 경쟁력 있는 해양 플랜트와 기술이 비슷해 기존 산업 인프라를 발전시키는 것이라고 하네요. 4차 산업 혁명 시대에도 지속 성장할 수 있는 제조업 혁신을 달성하기 위한 과제들입니다. 다른 지역에서도 수도권에 없는 맞춤형 산업 육성을 위해 고심하고 있습니다.

한편으로는 기업 유치를 강조할 수밖에 없습니다. 청년들의 지역 정착을 위해서는 일자리가 뒷받침돼야 하는데 결국 산업 생태계를 구축할 수 있는 대기업이 필요하다는 것이죠. 이 때문에 세금 감면이나 부지 제공 등 기업 유치를 위한 파격적 인센티브가 필요하다는 주장도 나옵니다. 하지만 특혜 논란을 불러일으킬 수 있으므로 협약을 통해 지나친 이익을 제한하고, 채용 할당 등의 조건을 걸어야 한다는 지적도 있습니다.

# 지방 대학의 '뭉치기 전략'

핵심 문제는 첨단 산업에 필요한 인력입니다. 수도권 대학 수준의 연구 인력을 공급받는 데 한계가 있다는 겁니다. 대기업에서는 지방 근무에 석박사급 신입 100명을 뽑으면 입사 전에 20명이 그만두고, 1년 안에 20명이 더 떠난다는 말이 7~8년 전부터 돌았다는데요. "사람이 내려오지 않으니 공장을 뜯어 수도권으로 옮겨야 할 판"이라는 말까지 나옵니다. 2014년 LG전자 창원공장 이전 논란은 창원에서 회자되는 '트라우마'입니다. 수도권으로 떠나려던 LG 공장을 경남도와 창원시가 각종 혜택으로 간신히 붙든 것이죠. 대기업과 연관된 수백 곳의 협력사들을 생각하면 악몽이었습니다. 자치단체들이 교통망 연결에서 시작해 인재의 유입과 정주 여건을 만들고, 대학과 기업을 연계해 지역 산업 맞춤 인재를 육성하려는 이유입니다.

수도권 집중 흐름을 끊어 내야 지방 대학의 위기도 풀 수 있다는 인식하에 광역자치단체들이 지역의 대학, 기업들과 협력해 해법을 모색하는 움직임이 최근 들어 나타나고 있습니다. 수도권으로 집중되는 흐름을 끊어야만 지방 대학도 위기에서 벗어날 수 있다는 판단에서 시작한 지역혁신플랫폼(RIS, Regional Innovation System)이 그것입니다.

RIS는 지자체와 지역 대학·기업·연구 기관 등이 협력해 지역 핵심 분야를 선정하고, 이를 전공한 지역 인재를 키워 내 지역 기업에 취업하도록 하는 사업입니다. 지역 사정에 맞게 교육 체계를 개편해 인재를 키우고, 기술 개발로 지역 산업 경쟁력을 높여 청년들의 이탈 행렬을 막자는 취지입니다. 메가시티 구상의 한 축이기도 합니다.

광주·전남, 울산·경남, 충북, 대전·세종·충남, 강원, 대구·경북 6개 플랫폼이 선정됐습니다. 시행 2년째인 동남권의 울산·경남 RIS는 스마트제조엔지니어링과 스마트제조ICT, 스마트공동체 등 3개 핵심 분야를 선정했습니다. 경남도와 울산시, 17개 지역 대학, 49개 지역혁신기관이 참여합니다. RIS의 핵심인 공유형 대학 모델(USG)에는 17개교 학생 300명이 참여하고 있습니다. 지역의 대학들이 기업들과 협력해 개발한 커리큘럼을 이수(복수전공)한 뒤 인턴십 등을 거쳐 취업할 수 있는데요. 학교 간 장벽을 넘어 뭉쳐야만 문제를 풀 수 있다는 자각이 협업을 가능하게 한 것입니다.

학생들의 반응도 긍정적이라고 합니다. 원래 수도권으로 취업하려고 했지만, 프로그램을 통한 지원이 많아 지역에서 연구원으로 남아도 괜찮겠다는 생각이 들었다는 것이죠. 실무에 도움 되는 심화 학습을 할 수 있어 취업하는 데도 유리하다고 합니다. 해당 프로그램에 참여하는 교수들에 대해서도 지원을 강화해 연구 역량을 강화하고 있습니다.

하지만 RIS는 다양한 주체가 참여하기 때문에 이해 관계가 엇갈릴 수도 있습니다. 이를테면 사립 대학 입장에서는 RIS가 지방 거점 국립 대학 중심으로 돌아가면서 소외될 수 있다는 것이죠. 이 때문에 공동 입학, 공동 학위 수여제 등 사립 대학과 국립 대학 간 불균형을 극복하기 위한 제도가 필요하다는 목소리도 있습니다.

RIS의 성패를 미리 판단하기는 어렵습니다. 다만 확실한 것은 수도권 집중이라는 거대한 물살을 지방 대학들이 홀로 헤쳐 나가기 쉽지 않다는 점입니다. 지방 대학들의 '뭉치기 전략'에 눈길이 쏠리는 이유입니다.

## 균형 발전과 기후 위기

2021년 부산시장 보궐 선거에서는 여야 가릴 것 없이 중후장대한 공약을 쏟아냈습니다. 한일 해저터널, 가덕도 신공항, 하이퍼루프, 플로팅시티, 돔구장 등 100조 원을 훌쩍 넘는 거대 개발 사업이었습니다. 서울시장 보궐 선거에서 '워라밸'에 방점을 둔 공약이 쏟아진 것과 극명한 대조를 이뤘습니다.

감당 불가능해 보이는 공약들은 지역이 직면한 위기감의 크기를 대변합니다. 1986~1991년 연평균 8.6%였던 부산의 성장률은 지난해 2%대에 그쳤고, 매년 청년 인구 1만 명이 부산을 떠나고 있습니다. 부산상공회의소가 집계한 전국 1000대 기업(2020년 매출액 기준) 중 부산 기업은 29개에 그쳤습니다. 기업 총매출액도 27조 9,280억 원으로 서울(743곳, 1,449조 987억 원)에 비할 바가 못 됐습니다. '제2의 도시'라는 표현이 무색해진 지 오래입니다.

가덕도 신공항 건설은 부산의 미래가 걸린 '상징 투쟁'이 됐습니다. 2002년 김해공항 돗대산 추락 사고로 논의가 촉발된 동남권 신공항 건설은 우여곡절 끝에 2021년 3월 '가덕도 신공항 건설을 위한 특별법'이 만들어지는데 이르렀습니다. 바깥의 시선은 신공항에 부정적입니다. 대형 국책 사업의 원칙과 절차를 무시하고 밀어붙이고 있다는 거지요. 선거를 앞두고 여야가 경쟁하듯 특별법을 통과시킨 것은 '매표' 행위로 비판받았습니다. 수요가 적어 '멸치 말리는 공항이 될 것'이라는 비아냥이 쏟아졌습니다. 하지만 가덕도 신공항을 향한 비판과 멸시에 깔린 '수도권 중심주의'는 온당한 걸까요.

가덕도 신공항은 부산 가덕도 남단 육지와 바다에 걸쳐 공항을 만드는 사업입니다. 당초 계획보다 앞당겨 2029년 개항을 목표로 하고 있습니다. 바깥의 시선은 공항 사업비와 여객 수요에만 맞춰져 있지만 지역에서는 부산항을 함께 봅니다. 철도-항만-항공의 '트라이포트(Tri-Port)' 구축을 통한 물류 플랫폼 육성이라는 '미래 가치'를 강조하는 겁니다. 부산항은 세계 항만 물동량 순위 6

위, 환적 화물로는 세계 2위입니다.

세계적 경쟁력이 있는 부산항에 공항이라는 날개를 달아 물류의 시너지를 내겠다는 겁니다. 부산항 기항 정기노선은 세계 3위(269개) 수준입니다. 부산항은 미국을 향하는 태평양 항로의 마지막 포트이기 때문에, 화주로서는 선택지가 늘어난다는 것이죠. 또한 일본 규슈 권역의 항공 화물도 추가 확보를 기대하고 있습니다.

가덕도 신공항 건설 측에선 24시간 공항의 필요성도 강조합니다. 화물기는 주로 밤에 떠야 하는데 기존 김해공항은 도심에 있어 소음 탓에 활주로를 쓸 수 없다는 것이죠. 화물의 항공 수요는 의외로 많습니다. 무게가 가볍고 단가가 비싼 첨단 제품은 항공기가 적합합니다. 공항이 있으면 배로 커피콩을 들여와 가공 단지에서 로스팅한 뒤 비행기에 실어 비싸게 되파는 네덜란드 로테르담 항구처럼 부가 가치도 올릴 수 있다네요. 실제 부산항은 좋은 원두가 들어오기 때문에 유명 커피 전문점과 바리스타들이 많다고 합니다. 또한 동남권 국제선 항공 수요가 960만 명으로 전국 2위에 달하고, 김해공항이 이미 인천공항 다음가는 흑자공항이라는 점을 강조합니다.

하지만 '인천공항을 이용하면 되지 않느냐'는 비판도 만만치 않습니다. 부산시 계산과 달리 국토교통부에서는 신공항 사업비가 13조 원이 넘을 것이라는 예측을 내놓으면서 예산 낭비가 될 것이라는 우려도 계속되고 있습니다. 무엇보다 '기후 위기 시대, 환경을 파괴하는 대규모 건설 사업이 옳은가?'라는 질문을 할 수 밖에 없습니다.

가덕도 신공항 부지는 대항마을이라는 한적한 어촌입니다. 마을 주변 국수봉, 남산을 깎아 바다를 메우게 됩니다. 삶의 터전을 빼앗기는 주민들은 좋아할 수 없는 일입니다. 대항마을은 숭어마을로도 불립니다. 매년 봄이면 숭어 물길에 그물을 쳐 두고 높은 곳에서 망을 보다 통째로 건져 올리는 '육수장망' 어로법을 조선 시대부터 대대로 이어오고 있습니다. 바다 일은 조류, 바람, 물고기의 움직임을 오랜 세월에 걸쳐 터득해야 한다고 합니다. 마을마다 각각 어촌계라는 조직이 있기 때문에 다른 지역 사람들이 함부로 물고기를 잡을 수 없습니다. 땅값을 보상받는다 해도 무형의 손실이 크다는 것이죠. 개발 '호재'로 땅값이 올랐다는 뉴스를 보는 주민들은 마음이 불편하기만 합니다.

신공항 사업은 '탄소 중립'에 역행한다는 환경단체들의 반대도 넘어야 합니다. 국토교통부의 6차 공항개발 종합계획에 10곳의 신공항 계획이 포함되면서 거센 반대가 있었습니다. 환경단체들은 "항공기는 탄소를 가장 많이 배출하는 운송 수단이며 공항개발은 기후 위기 가속화를 부추길 뿐"이라면서 공항개발 계획 중단을 촉구하고 있습니다. 좁은 국토에 수요보다 너무 많은 공항을 짓는 것 아니냐는 비판인 거죠. 코로나바이러스가 창궐하고 기후 변화 위기가 심각해지자 각국에서는 공항 건설을 보류하거나 단거리 항공의 운항을 금지하는 추세이기도 합니다.

환경단체들은 가덕도의 환경적 가치도 강조합니다. 낙동강 하구의 생태 축인 가덕도는 멸종위기 야생 생물인 상괭이·수달과 다양한 어류들의 서식지이고, 생태 자연도 1등급 지역이라고 하네요. 기후 변화로 몇십 년 뒤면 부산 저지대도 물에 잠기는 위기가 찾아온다는데 바닷가에 짓는 공항이 무슨 소용이냐는 비판도 있습니다.

기후 위기에 강력한 대응이 필요한 상황에서 항공 수요 증가 우려를 눈감을 수 없습니다. 하지만 동남권에선 신공항 건설 반대 논리가 '지방 차별적'이라고 말합니다. 탄소 저감을 위한 자동차 타지 않기도 대중교통이 잘 갖춰진 서울에서나 가능한 일이라는 건데요. 어쩔 수 없이 자동차로 통근해야 하는 지방의 현실과 인천공항을 향하는 수많은 자동차와 화물은 보이지 않느냐는 반발입니다.

신공항 건설 측에선 기후 위기를 이유로 신공항 건설을 반대하려면 인천국제공항 확장도 반대해야 한다고 주장합니다. 인천공항 확장, 가덕도 신공항 건설 모두 탄소 배출은 늘어나는데 인천공항 확장 때는 어째서 반대 목소리를 내지 않았냐는 것이죠. 단순히 공항 건설을 반대하는 것이 아니라 탄소를 배출하는 항공운송산업 자체에 대한 문제 제기가 맞는 방향이라는 주장입니다.

인천공항 확대는 '자연스러운' 일이지만, 지방 공항 확대는 있을 수 없다는 태도 자체가 지방 차별이라는 것이죠. 판단은 여러분의 몫입니다.

균형 발전도 환경 문제를 피해 갈 수 없는 게 현실입니다. 하지만 개발이건 보존이건 지방은 논의에서 소외되는 경우가 많습니다. 환경 파괴로 인한 갈등의 현장은 대부분 비수도권에 있고, 당사자들의 목소리는 소거되기 일쑤입니다. 앞으로 기후 위기와 지방 소멸을 둘러싼 갈등이 더 많이 충돌할 가능성이 큽니다. 지방이 쇠퇴할수록 토건에 대한 열망이 더욱 불타오를 것은 분명하기 때문입니다. 이미 4대강 사업, 평창올림픽 가리왕산 알파인경기장 복원, 설악산 오색케이블카 설치 사업 갈등이 드러낸 현실입니다. 이와 관련된 기사나 자료들을 찾아보고 찬찬히 생각해 보면 좋겠습니다.

균형 발전으로 개발과 보존 사이의 균형을 찾아야 하지 않을까요? 토건이라고 하면 투기 세력의 배를 불리거나 난개발을 한다는 부정적 시선이 큽니다. 하지만 삶의 지속과 지역 균형 발전을 위한 토건 사업도 필요합니다. 토건 자체를 부정하면 지역 인프라와 생활 시설 기반의 약화로 인구 감소가 심화될 수 있기 때문입니다.

판단 기준을 '지속 가능성'으로 잡아 보는 것은 어떨까요. 최근 주목받는 재생 에너지, 에너지 그리드 구축 등 친환경적인 '그린

# 예비타당성조사

　대규모 국가 예산이 투입되는 사업의 정책적·경제적 타당성을 사전에 검증하는 제도입니다. 예산 낭비와 사업 부실화를 방지하고 재정 운영의 효율성을 높이기 위해 1999년 김대중 정부 때 도입됐습니다. 사업 주관부처가 아닌 기획재정부가 조사하고, 조사 결과 타당성이 인정되어야 예산 편성이 가능합니다. 총 사업비 500억 원 이상, 국고 지원이 300억 원 이상인 신규 사업이 대상입니다.

　철도, 도로, 공항, 항만 등 대규모 건설 사업이 여기에 해당합니다. 통신망 구축 사업이나 국가적 연구 개발 사업도 포함됩니다.

　평가 항목은 '경제성', '정책성', '지역 균형 발전' 등으로 구성됩니다. 이 중 경제성 분석은 '비용-편익 분석'을 통해 편익(Benefit)을 비용(Cost)으로 나눈 값이 1보다 클 경우 경제적 타당성이 있는 것으로 평가합니다. 흔히 'B/C 분석'이라고도 말합니다. 정책성 분석은 해당 사업과 관련된 정책의 일관성과 사업 준비 정도, 사업 추진상의 위험 요인을 평가합니다. 지역 균형 발전 분석은 지역 낙후도 개선, 지역 경제 파급 효과, 고용 유발 효과 등 지역 발전에 미치는 요인을 평가합니다.

　보통 B/C가 1을 넘기 쉽지 않습니다. 경제성 평가가 종합 평가 점수에서 큰 비중을 차지하다 보니 지역에서는 불만이 많습니다. 지방은 인구가 적고, 분산되어 있으므로 수요가 높게 나오기 쉽지 않다는 것이죠. 쉽게 생각해 보면 서울에 철도 노선을 만든다고 하면 좁은 지역에 많은 사람들이 몰려 살고 있으니 이용 승객이 많겠죠. 공사비보다 시민들의 편익이 높게 나올 가능성이 큽니다. 반면 지방은 인구 밀도가 낮다 보니 이용 승객이 적을 테고, 그만큼 공사비 대비 편익이 적게 나올 가능성이 큽니다.

이 때문에 비수도권에서는 지역 사업에 대한 평가 기준을 달리해야 한다는 목소리가 큽니다. 문재인 정부는 2019년 이러한 요구를 반영해 평가 비중을 조정했습니다. 비수도권 사업의 경우 경제성 평가 가중치를 기존에서 5% 포인트 낮추고, 지역 균형 발전 가중치는 5% 높이기로 한 것입니다.

또한 국가 균형 발전 프로젝트 추진을 위한 사업은 예비타당성조사를 면제하기로 했습니다. R&D투자 등을 통한 지역의 전략 산업 육성, 지역 산업을 뒷받침할 도로·철도 인프라 확충, 전국을 연결하는 광역 교통·물류망 구축, 환경·의료·교통 시설 등 지역 주민 삶의 질 제고 등을 국가 균형 발전 프로젝트 선정 기준으로 했습니다.

예비타당성조사는 실효성이나 사업성이 없는 정책들을 가려내려고 도입된 것인데 지역의 요구를 모두 받아들이면 예산 낭비가 발생할 것이라는 비판이 나옵니다. 하지만 수도권과 비수도권의 격차가 너무 커졌기 때문에 혜택이 필요하다는 반론도 적지 않습니다.

실제 지역 발전에 도움이 되는 사업이 무엇인지 시민들도 면밀하게 감시해야 하겠습니다.

뉴딜' 사업 역시 건설이 필요합니다. 지역 인프라를 구축하고 인구를 유입시킬 수 있다면 토건 사업도 필요할 수 있다는 것이죠.

수도권 팽창, 지방 쇠퇴가 지속되는 한 비수도권 주민들의 개발 열망과 맞물린 시도는 계속될 수밖에 없습니다. 반드시 필요한 사업과 그렇지 않은 사업에 대한 옥석 가리기가 필요한 이유입니다. 균형 발전과 기후 위기 대응 사이의 균형점을 찾아내기위한 사회적 논의가 꼭 필요합니다.


## 혁신도시, 절반의 성공

국가 균형 발전의 핵심 정책 중 하나가 공기업 이전 정책이었습니다. 이전하는 공공 기관은 지역마다 만든 '혁신도시'에 입주하도록 했는데요. 이전하는 공공 기관을 수용해서 기업·대학·연구소·공공 기관이 서로 긴밀하게 협력할 수 있도록 인프라를 갖추고, 공공 기관 직원들과 지역 주민들이 정주할 수 있는 주거 환경을 갖추는 것을 목표로 했습니다. 지역 거점을 조성해 수도권집중을 해소하고 뒤처진 지방 경제를 활성화하겠다는 의도였죠. 정부는 2005년 이후 수도권에 소재하던 공공 기관을 지방으로 이전하고 11개 광역시·도에 10개 혁신도시를 건설하는 지역발전정책을 본격 추진했습니다.

시도별 혁신도시를 보면, 부산 혁신도시, 대구 혁신도시, 광주·

전남 혁신도시(나주시), 울산 혁신도시, 강원 혁신도시(원주시), 충북 혁신도시(진천군, 음성군), 전북 혁신도시(전주시, 완주군), 경북 혁신도시(김천시), 경남 혁신도시(진주시), 제주 혁신도시(서귀포시)가 있습니다. 한국전력(광주·전남), LH(경남), 국민건강보험공단(강원)과 같은 대규모 공공 기관이 서울에서 지방으로 이전하는 성과를 거뒀습니다.

혁신도시 조성과 공공 기관 이주가 시작된 지 10년이 지났지만 평가는 여전히 엇갈립니다. 수도권 집중화를 완화했다는 '절반의 성공'론과 자생력을 갖춘 성장 거점을 마련하는 데 실패했다는 비판이 맞서고 있습니다.

2021년 6월 기준 전국 10개 혁신도시 인구는 22만 9,401명입니다. 공공 기관 직원들의 가족 동반 이주율은 66.5%로 공공 기관 이전이 거의 마무리된 2017년 12월에 비해 8.4%포인트 증가했습니다. 기혼자의 가족 동반 이주율은 53.7%입니다. 예상보다 이주율이 낮다는 평가, 정주 여건이 부족한 점을 감안하면 이주율이 낮지 않다는 평가가 교차합니다.

공공 기관 이전 계획이 나온 2005년만 해도 409개 공공 기관 중 346개가 수도권에 몰려 있었습니다. 수도권 공공 기관 153개가 2012년부터 2019년까지 혁신도시로 순차 이전했습니다. 국토연구원은 '혁신도시 15년의 성과 평가와 미래발전 전략'에서 혁신도시 정책으로 수도권과 비수도권 간 인구 역전 시점이 약 8

년 늦춰지는 효과가 있었다고 평가했습니다. 2005년에는 수도권 인구가 비수도권 인구를 앞지를 시점을 2011년으로 예측했지만 실제 앞지른 시점은 2019년이었다는 겁니다. 공공 기관 지방 이전이 본격화된 2013~2016년에는 수도권 유입 인구가 줄어들기도 했습니다.

하지만 공공 기관 이전이 거의 완료된 2017년부터 수도권 유입 인구는 다시 늘어났습니다. 혁신도시가 지역의 성장 거점으로 자리 잡는 데 한계가 있었던 탓입니다. 민간기업·대학·연구소가 한데 어울려 네트워킹을 형성하고 집적 효과를 내기 위해 조성된 '혁신도시 산학연 클러스터'는 분양률과 입주율이 기대에 못 미쳤습니다. 2020년 3월 기준 전국 10개 혁신도시의 산학연 클러스터 분양률은 66.1%(311만 4,000㎡ 중 205만 7,000㎡)에 그쳤습니다. 분양된 면적 대비 입주율은 44.4%(204만 5,000㎡)로 더 낮았습니다.

전문가들은 1차 공공 기관 이전에서 '지역 안배'가 중시되면서 선택과 집중으로 규모의 경제를 달성하지 못한 한계가 있었다고 말합니다. 혁신도시를 3~4곳만 만들어 선택과 집중을 했다면 도시가 빨리 성장할 수 있었겠지만, 각 지방의 사정을 고려하다 보니 공공 기관이 여러 곳으로 분산됐다는 것이죠. 공공 기관을 여러 곳으로 분산 이전하면 규모의 경제·산업 생태계를 만들기 힘들어서 2차 공공 기관 이전 때는 지역 특성에 맞는 기관을 배치해야 한다는 지적도 나옵니다.

또한 공공 기관 이전을 하면서 정주 여건 개선에도 노력을 기울여야 합니다. 1차 공공 기관 이전 당시에는 교육, 문화, 의료 등 여러 정주 여건이 기대에 미치지 못했다는 것이죠. 이를테면 대구 혁신도시는 공공 기관이 이전하고 10년이 넘도록 고등학교가 한 곳도 없었다고 합니다. 기관 이전이 지역의 성장 동력이 되도록 하려면 기업의 임직원들도 만족하며 살 수 있는 생활 인프라를 치밀하게 준비해야 한다는 것이죠. 그 인프라는 원래 살던 지역 주민들도 함께 누릴 수 있습니다.

## 해외에선 어떻게

최근 해외에서 주목할 만한 흐름은 '광역화'와 '압축 도시'입니다.

지역에서 광역으로의 전환은 세계적 흐름입니다. 영국은 2010년대 이후 대도시권을 중심으로 한 광역화를 추진하고 있습니다. 도시권이 연합지자체를 구성해 대도시 집적 경제를 강화하고 있습니다. 저성장과 재정 긴축으로 지역 간 균형 정책이 후퇴하고, 성장 위주 대도시 정책이 강화되는 것이라고 전문가들은 말합니다. 프랑스는 2016년 22개 레지옹(광역행정지자체)을 13개로 재편해 규모를 키웠습니다. 광역 시도 간 통합은 규모의 경제, 행정 효율성 제고 측면에서 시도 간 협력보다 더 높은 효과를 얻을 수 있습니다.

'지방 소멸' 위기를 먼저 맞닥뜨린 일본은 47개 도도부현을 8개의 광역권으로 통합하는 8＋2(홋카이도, 오키나와현) 광역지방계획권역이 논의됐습니다. 기존 행정 구역을 초월한 광역권별 맞춤형 정책을 통해 자립적으로 발전하는 권역을 만들려는 시도입니다. 자발적 연계 사례인 간사이광역연합(교토, 오사카, 고베 권역)도 등장했습니다. 일본 제2 광역경제권의 연합이라는 점에서 한국의 부산-울산-경남 통합안과 비슷합니다.

일본은 중소도시 쇠락의 해법으로 '압축 도시'를 실험하고 있습니다. 도시를 확장하는 대신 인구와 인프라를 한곳으로 모아 집적도를 높이는 방향입니다. 거주 지역이 흩어지면 교통, 교육, 의료, 문화 인프라도 함께 분산되기 때문에 정주 여건이 오히려 나빠지는 악순환에 빠지게 됩니다. 지자체로서는 인프라 유지 비용이 늘어나 재정 부담도 커지게 되죠.

쇠퇴도시 압축화 전략은 전 세계에서 고령화율과 지방 인구 감소가 가장 큰 일본의 고육지책입니다. 사실 한국도 크게 다르지 않습니다. 도시 외곽에 쇼핑몰과 아파트가 들어서면서 기존 도심은 인구가 빠져나가 휑한 모양새로 남아 있습니다. 인구 감소 추세 속에 남은 인구도 흩어져 버리니 복지 서비스를 제공하는 데 많은 비용이 필요한 거죠. 늘어나는 비용에 위협을 느낀 쇠퇴도시들이 낸 해결책이 다시 도시 중심부로 주거와 상업 기능을 모으는 것이었습니다. 최근 한국의 도시재생 사업을 떠올려 보면 되겠네요.

일본 중부 도야마시는 압축 도시 핵심 전략으로 대중교통 활성화를 내세웠다고 합니다. 2009년부터 도심에 노면전차(트램)를 깔고 역을 중심으로 생활권을 구성하는 '양꼬치' 모양의 도시 계획을 진행 중입니다. 대중교통 노선을 중심으로 주거지와 상업 시설, 업무 시설, 문화 시설을 집중시켰습니다. 대중교통 결절점에 사람들이 모여 살도록 시 외곽에서 도심으로 이사하는 주민과 도심에 집을 짓는 건설사에는 보조금을 줍니다. 인구가 한곳으로 모이면 상권도 살아나고 지자체로서는 도로나 상하수도 관리 비용을 아낄 수 있습니다.

이러한 압축 도시 전략을 실행한 이후 인구 감소세가 확연히 낮아졌다고 합니다. 하지만 이 정책으로 시 재정은 더욱 나빠졌다고 합니다. 쇠퇴한 도시를 되돌리는 것이 힘든 일이라는 것을 알 수 있습니다.

압축 도시 전략과 유사한 '적정 규모' 전략도 있습니다. 미국 학자들이 주로 이야기하는 이 전략은 토지 이용이 더 집약적인 곳으로 사람들을 이주시키고, 밀도가 낮은 지역을 개발되지 않은 자연 상태로 돌리는 방식입니다. 사람들이 많이 모여 있는 곳에 공공 서비스 질을 높여 인구를 더 끌어모으는 동시에 사람들이 떠나 빈집이 생기면 그 집을 허물고 자연으로 되돌리는 겁니다. 산업 경쟁력 쇠퇴로 200만 명이던 인구가 70만 명 수준으로 줄었던 미국 디트로이트시가 이 정책을 실시했다고 합니다. 9개 인구 집중 지역으로 주민을 모으려고 이들 지역 외에는 공공 서비스를 제공하지 않음으로써 인구 재배치를 유도하는 방식을 택했다고 합니다. 그러나 이 같은 전략은 쇠퇴하는 동네의 가난한 사람들, 가난해서 이주가 어려운 사람들을 더욱 어려운 처지로 몰아넣었다는 비판을 받았다고 하네요.

한국의 지방 중소도시들도 해외의 다른 나라들처럼 비슷한 일을 겪게 될 가능성이 있습니다. 이미 지방에는 많은 '소멸 위기' 지역들이 있기 때문입니다. 해외 사례를 참조해 한국 실정에 맞는 정책이 필요합니다.

# 지역인지 감수성

2021년 상반기 '이건희 미술관' 유치를 놓고 지방 각 도시가 총력전을 펼쳤습니다. 고 이건희 삼성그룹 회장의 출생지인 영남권에서 시작된 유치전은 삼성전자 사업장이 있는 경기 남부로 번지더니 그 밖의 지자체 수십 곳이 가세했습니다. 하지만 후보지는 결국 서울로 낙착됐습니다.

문화체육관광부는 '국가기증 이건희 소장품 활용 방안'을 발표하고 '이건희 기증관' 건립 후보지로 서울 용산과 송현동 부지 2곳을 선정했습니다. 기증품 2만 3,000여 점을 통합적으로 소장·관리하기 위해 국립중앙박물관·국립현대미술관과의 유기적 협력 체제가 필요했기 때문이라고 이유를 밝혔는데요.

지자체들은 거세게 반발했습니다. "문화 분권과 국가 균형 발전 차원에서 지역 유치를 요구한 지역들에 대한 무시이자 최소한의 공정한 절차도 거치지 않은 일방적 결정"이라는 비판이 쏟아졌습니다.

이건희 미술관 후보지를 결정한 문체부의 '소장품 활용위원회'는 전직 국립중앙박물관장 등 미술계 인사들로 구성된 위촉 위원 7명에 문체부 관료와 국립중앙박물관장·국립현대미술관장 등 당연직 4명으로 구성됐습니다. 지역 여론을 대표할 만한 '지방 인사'가 없었으니 결과는 처음부터 예견된 것이라는 비판이 나왔습니다. 관심이 큰 사안임에도 공론화 과정조차 없었습니다. 미술관을 서울에 유치하는 대신 지역 문화 격차 해소 방안을 강구하겠다는 애매한 발표만 내놨는데요.

홍경한 미술 평론가는 『경향신문』 칼럼에서 "접근성이 좋은 서울에 기증관을 건립해야 한다는 문체부의 '서울 입지론'은 근거가 빈약하다."라고 지적하기도 했습니다. 세계 각국에 지역 경제를 이끄는 박물관·미술관이 적지 않은 것을 보면 접근성과 문화 예술 향유는 상관성이 작다는 것입니다. 산속의 작은 동네에 있지만 해마다 20만 명이 찾는 미국 매사추세츠 현대미술관, 교통이 불편한 태즈메이니아섬에 있지만 현대 미술을 과감하게 다뤄 관광객 필수 코스가 된 호주의 '뮤지엄 오브 올드 앤드 뉴 아트' 등을 예로 꼽을 수 있습니다.

균형 발전을 위해서는 정책 결정 과정에서 '성인지 감수성'만큼이나 '지역인지 감수성'이 필요하다고 전문가들은 지적합니다. 이를테면 중앙 부처에서 위원회를 만들어 결정을 내릴 때 모두 서울에 있는 교수들로 구성되는 경우가 많은데 서울 인사들이 지방 문제까지 결정하는 것이 합당하냐는 지적입니다. 이러한 맥락에서 이건희 미술관 결정도 지역 현실에 대한 고려가 없었다는 것이죠.

특히 지역인지 감수성이 결여됐다는 비판을 듣는 곳이 예산을 다루는 기획재정부입니다. 기획재정부 공무원들은 지역에 분국이나 사무소가 없어 지방을 경험할 기회가 없습니다. 자치단체들은 기획재정부 관료들이 지방 실정을 모르니 예산 배정 등에서 비수도권 문제의 심각성에 대한 인식이 없다고 비판합니다.

수도권 집중 심화로 지역인지 감수성은 정치적 지향을 가리지 않고 약화되고 있습니다. 관료, 교수, 기자 등 정책 결정에 영향을 미치는 집단들 중 수도권 바깥을 경험하지 못하는 이들이 늘어나고 있기 때문입니다. 수도권 인구가 전체 절반을 넘어서면서 앞으로는 의식적으로 강조하지 않으면 '지방이 보이지 않게 될 수도 있다.'는 겁니다. 정부 위원회에 참가하는 위원들의 자격에 지방 거주 기간 등 조건을 넣어야 한다는 주장까지 나옵니다.

이건희 미술관 유치전에서 교훈을 찾지 않으면 지방 소멸은 막을 수 없습니다. 2021년 통계를 보면 전국 미술관의 41.5%가 수도권에 있었습니다.

# #5

내가
살고 싶은
곳은
어디인가

2009년 한 광고가 온오프라인에서 큰 화제를 모았습니다. '신대한민국전도'라는 제목의 광고였습니다. 광고에는 서울만 둥둥 떠 있는 우리나라 지도가 담겨 있었습니다. 서울을 제외한 영토는 모두 바다로 표시해 대한민국에는 서울이라는 섬만 남은 모습이었지요. 지도 하단에는 '서울뿐인 대한민국? 지역이 발전해야 한국이 커집니다'라는 문구가 적혀 있었습니다.

  광고를 제작한 것은 유명 광고기획자인 이제석 씨였습니다. 대구 출신으로 미국 뉴욕에서 활동 중이었던 그는 당시 국내 한 언론과의 인터뷰에서 이렇게 밝혔습니다.

"제가 밖에서 본 한국은 서울뿐이었고 지방은 없었습니다. 지도를 제작해 수도권만 과잉 발전하면 안 된다는 충고를 우회적으로 하고 싶었습니다."

수도권 집중과 불균형 발전을 날카롭게 꼬집은 이 광고는 지금도 사람들의 입에 자주 오르내립니다. 광고가 주는 이미지와 메시지가 워낙 강렬하기 때문이기도 하지만, 10여 년이 지나도록 지역 불균형 문제가 해소되지 않고 있는 탓이기도 합니다. 수도권이 인구와 자원을 빨아들이는 힘은 오히려 과거보다 강해졌습니다. 이 불균형은 우리 삶에 어떤 영향을 미치게 될까요.

# '서울 공화국'은 지속 가능할까

어떤 사람들은 말합니다. 작은 국토 안에서 한 곳에 인구가 쏠리는 것은 당연하며 국가 경쟁력을 위해서라도 수도권 집중은 바람직한 일이라고 말입니다. 어느 정도는 맞는 말입니다. 세계적인 경제학자 에드워드 글레이저 미국 하버드대 교수는 2011년 저서 『도시의 승리』 한국어판에서 "도시가 가진 우위는 한국이 이룬 성공을 설명하는 데도 유용하다."며 "서울은 수십 년 동안 전국 각지에서 많은 인재를 끌어오며 서울을 위대한 혁신의 집합소로 만들었다."고 평가했습니다. 서울에 몰린 젊은 인재들과 이들에게서 나온 혁신적인 아이디어가 한국의 빠른 경제 성장을 견인했다는 것이지요. 하지만 수도권에 모든 것이 쏠리는 상황이 계속되어도 괜찮을까요? 모두가 비수도권을 떠나 수도권에 몰려 살게 된다면 과연 어떤 일이 벌어질까요?

사실 아주 비현실적인 가정이 아닙니다. 2021년 8월 감사원은 놀라운 예측이 포함된 '저출산·고령화 대책 성과 분석 및 인구구조변화 대응실태' 보고서를 발표했습니다. 앞에서 소개한 지방 소멸 흐름이 어떤 결과로 이어질지를 추정한 겁니다. 이 보고서에 따르면 약 100년 후인 2117년, 부산 강서와 광주 광산, 대전 유성을 제외한 모든 비수도권 지역이 소멸 고위험군에 들어갑니다. 세 지역 모두 수도권을 제외하고 가장 인구가 많은 대도시입니다. 2117년 부산 인구는 2017년(342만 명)의 21%에 불과한 73만 명으로 쪼그라듭니다. 광주는 35만 명으로 지금의 23% 수준으로 줄어들고요. 충격적인 결과지요?

더욱 충격적인 것은 이처럼 가파른 인구 감소를 겪는 것이 비수도권만이 아니라는 사실입니다. 서울의 경우 2117년 강남과 광진, 관악, 마포 등 4개 자치구를 제외한 모든 구가 소멸 고위험 단계로 진입할 것이라고 전망했습니다. 서울 인구는 2017년 977만 명에서 50년 뒤엔 64% 수준인 629만 명, 100년 뒤인 2117년에는 27% 수준인 262만 명으로 4분의 1 토막이 날 것으로 예측됐어요.

경기도도 인구 감소를 피할 수는 없습니다. 2017년 1,279만 명에서 2067년엔 1,065만 명, 2117년에는 441만 명으로 지금의 3분의 1 수준으로 떨어집니다. 그렇다면 우리나라 전체 인구는 어떻게 변할까요? 2017년 5,136만 명에서 2067년 3,689만 명으로 감소하고, 2117년에는 1,510만 명으로 줄어들 것으로 예측됩니다.

여러분에게 미리 이야기하지 않은 것이 하나 있습니다. 보고서가 전제로 한 조건이에요. 감사원의 이런 예측은 '지금과 같은 수준으로 저출생·고령화와 수도권으로의 인구 이동이 계속된다.'는 가정하에 나왔습니다. 저출생과 고령화, 수도권 쏠림은 모두 맞물려 있는 문제입니다. 더 나은 교육과 일자리를 찾아 청년들이 서울로 이동하고, 서울에서는 집이 없는 청년들이 결혼을 늦추고 자녀도 낳지 않습니다. 부동산 가격 상승으로 지금 20대가 저축을 통해 서울에 아파트를 마련하려면 100년 가까운 기간이 걸린다는 연구 결과도 나왔습니다.

인구가 줄어도 서울 쏠림이 계속되는 한 집값은 내려가지 않아요. 주거가 불안정한 상황에서 결혼과 출산은 우선순위에서 밀리는 것이 당연합니다. 청년이 없는 지역, 더 이상 아이가 태어나지 않는 지역은 결국 소멸 위기에 빠질 수밖에 없습니다. 보고서에서 인구 소멸 위기를 피할 것으로 예상되는 7개 지역의 공통점은 교육이나 일자리, 산업 등의 강점으로 젊은 세대를 빨아들일 잠재력이 있다는 것이었어요. 지역 소멸 위기를 막고 국토의 균형 발전을 위해서는 '청년' 인구를 잡는 것이 핵심인 이유입니다.

수도권 쏠림이 가속화하는 동안 집값 말고도 비수도권 청년들의 삶엔 많은 변화가 생겼습니다. 서울에 살지 않는다는 이유만으로 박탈감을 느끼거나 주류에서 벗어나 있다는 소외감을 호소하기도 합니다. 그저 대도시의 인프라를 누리지 못하는 불편 때문만은 아니에요. 사는 곳에 따른 '기회의 격차'가 엄연히 존재하니까요. 어떤 공부나 일을 하더라도 기회를 잡으려면 수도권으로 가야 합니다. 대도시에서 보고 듣는 것, 만나는 사람 모두 개인의 성장을 자극한다는 점에서도 수도권은 매력적인 공간입니다. 빛나는 미래를 꿈꾸는 청년들에게 수도권행은 이미 선택의 문제가 아닌 거지요. 기회를 찾아 서울로 떠나고, 비수도권에 남은 청년들은 박탈감에 시달리다 결국 서울로 향합니다. 이로 인해 또다시 쇠락해 가는 지역에서 살아가는 청년들은 더 큰 소외감을 느끼게 되는 악순환입니다. 오죽하면 '금수저, 은수저, 동수저'에 이어 '서울 수저'라는 말까지 등장했습니다. 부모의 자산과 소득 수준에 따라 사회경제적 계급이 나뉜다는 '수저 계급론'이 출신 지역으로까지 확장된 것입니다.

이와 같은 상황에 대해 한 청년이 남긴 인상적인 평가를 다시 상기해 봅니다. 나고 자란 부산에서 학생들을 가르치고 있는 20대 중반의 한규리 씨(가명)입니다.

"서울은 '나쁜 심장'이에요. 자원을 빨아들이기만 하고 지방과 나누지는 않으니까요. 심장이 펌프질을 해 피를 온몸에 내보내야 하는데 머금고만 있는 것 같아요. 혈류가 순환되지 못하니까 지방 발전은 더디죠. 마치 동맥경화 같은 상황인 거예요."

우리는 서울을 포함한 수도권에만 인구가 몰린 미래가 더 이상 바람직하지도, 지속 가능하지도 않다는 사실을 직면해야 합니다. 이 불균형이 우리 모두의 '생존'을 위협할 수도 있어요. 서울시가 2016년부터 비수도권 지자체들과 함께 '지역상생 사업'을 벌여 왔다는 사실을 아시나요? 지역상생 사업에는 지역 생산 농산물의 유통과 판로를 지원하는 '상생상회'와 지역 자원을 홍보하는 전시 공간의 운영 등이 있어요. 이 모든 것은 서울 집중 성장 전략의 한계를 인정했기 때문에 가능했습니다. '지역이 있어야 서울이 있고 공존해야 같이 살 수 있다.'는 공감대가 이뤄진 거지요.

## 대구와 광주를 잇는 '달빛내륙철도'

수도권이 모든 자원을 빨아들이는 블랙홀이 되는 동안 비수도권 지역이 마냥 손을 놓고만 있었던 것은 아닙니다. 메가시티 구상 외에도 비수도권의 여러 지역이 힘을 합쳐 수도권 집중을 막아 보려는 노력은 지속적으로 이뤄지고 있습니다.

'달빛내륙철도'는 그중에서도 눈에 띄는 지자체 협력 사례입니다. 달빛내륙철도는 광주와 대구를 잇는 198.8km 길이의 철도 건설 사업으로, 2021년 6월 정부의 국가 철도망 구축 계획으로 최종 확정됐습니다. '달빛'이라는 이름은 대구의 옛 지명인 '달구벌'과 광주의 순우리말인 '빛고을'의 머리글자를 따서 만들었어요.

이 철도는 전남 담양과 전북 순창·남원·장수, 경남 함양·거창·합천, 경북 고령을 중간역으로 두고 있습니다. 6개 광역자치단체와 10개 기초자치단체를 경유하는 거지요. 인근 자치단체를 포함하면 총 17개 자치단체의 인구 970만 명이 직간접적으로 영향권에 포함됩니다. 철도가 완공되면 광주~대구 간 이동 시간이 현재 2시간 49분에서 1시간 28분으로 절반으로 줄어든다고 해요.

달빛내륙철도는 두 지역 주민들의 오랜 바람이었습니다. 광주와 대구는 영호남을 대표하는 대도시임에도 유일하게 철도 노선 없이 동서로 나뉘어 있거든요. 두 도시를 오가는 방법은 고속버스가 유일합니다. 철도 노선이 수도권을 중심으로 만들어졌기 때문이지요.

이렇게 끊긴 교통망은 고질적인 지역주의의 원인으로도 지적되었어요. 여러분도 '지역감정'이라는 말을 한 번쯤 들어 보았을 거예요. 지역 사람들 간 감정 대립을 일컫는데 우리나라에서는 주로 영남과 호남 사이의 갈등이라는 형태로 나타납니다.

달빛내륙철도는 이와 같은 갈등을 완화하고 두 지역의 통합을 앞당길 것으로 기대됩니다. 사실 두 지역을 잇는 철도 계획은 광주와 대구가 자발적으로 모색한 화해·협력 방안이기도 합니다. 2009년 두 도시는 '달빛동맹'을 맺고 의료와 경제, 문화 등 다양한 분야에서 교류하며 힘을 합치는 데 뜻을 모았습니다. 달빛내륙철도가 정부 추진 사업이 된 것도 광주와 대구의 협력 덕분입니다. 철도가 완성되면 두 지역 주민들의 교류가 이전보다 늘어날 것으로 예상합니다. 자주 오가다 보면 서로를 이해할 수 있고 편견도 줄어들지 않을까요?

남해안에서도 지자체 간 협력이 속도를 내고 있습니다. 전남 여수·순천·광양·고흥·보성과 경남 진주·사천·남해·하동 등 남해안에 자리한 9개 시군이 추진하는 '남중권(경남 서부·전남 동부)' 구상입니다. 9개 지자체는 2011년 남해안남중권발전협의회를 구성했습니다. 영호남 지역 간 교류와 남해안 지역 발전을 위해 손을 맞잡은 것이지요. 협의회는 공동 연구를 통해 발전 전략을 함께 짜거나 지역 농특산물 공동판매장을 운영하는 등 다양한 사업을 함께하고 있습니다.

2021년 9월 정부 사업으로 확정돼 2029년 개통이 목표인 '남해~여수 해저터널'은 남중권 교류를 위한 인프라 중 하나입니다. 해저터널은 말 그대로 바다 아래를 지나는 터널입니다. 해저 4.2km, 육상 1.73km 등 총 7.3km 길이인 이 터널이 완성되면 1시간 30분 걸리던 남해~여수 이동 시간이 10분으로 대폭 짧아집니다. '옆 동네'처럼 되는 것이지요. 사실 남해와 여수는 날씨가 좋은 날이면 육안으로도 보일 만큼 가까운 지역입니다. 하지만 두 지역을 잇는 교통은 썩 편리하지 않다는 평가가 많았습니다.

해저터널이 생기면 두 지역을 찾는 시민들이 영호남을 쉽게 오가며 관광할 수 있게 됩니다. 뿐만 아니라 여수와 순천, 광양 등 도시가 보유한 각종 생활 인프라를 남해 주민들이 누리는 효과도 기대할 수 있습니다. 남해에서 터널을 이용해 여수까지 가면 여수역의 KTX도 금방 탈 수 있게 되는 것이지요. 여수공항이 가까워지니 비행기도 쉽게 탈 수 있을 것이고요. 행정구역이라는 경계를 뛰어넘어 이뤄지는 협력은 과연 어떤 효과를 만들어 낼 수 있을까요? 터널 개통 이후 남중권의 모습이 궁금해집니다.

## 귀농 귀촌이 어려운 이유들

수도권이 돈과 사람을 빨아들이고 있지만, 그로부터 벗어나 '로컬(local)'로 향하는 이들도 적지 않습니다. 로컬이란 '특정 지역'이나 '주민'을 뜻하는 단어입니다. 여러분에게도 익숙한 '로컬 푸드'도 여기에서 나온 말입니다. 최근 들어 로컬은 사전적 의미를 넘어 대도시의 상대적인 의미로서의 지방 중소도시나 좀 더 작은 단위의 지역을 가리키는 단어로 쓰이고 있습니다. 농어촌이 대표적이지요.

2020년은 로컬로 떠난 사람이 많이 늘어난 해였습니다. 그해 귀농 귀촌 인구는 49만 4,569명으로 전년 대비 7.4% 증가해 2017년 이후 3년 만에 다시 증가했습니다. 귀농 귀촌 가구는 35만 7,694가구(귀농 1만 2,489명, 귀촌 34만 5,205명)로 귀농 귀촌 통계조사 이래 최대치를 기록했습니다. 특히 30대 이하 귀농 가구는 2019년 1,209가구(10.6%)에서 2020년 1,362가구(10.9%)로 늘었고, 20대 이하 귀촌 가구는 2019년 6만 4,536가구(20.3%)에서 2020년 7만 1,614가구(20.7%)로 늘었습니다. 코로나19 확산 이후 농촌 생활에 관심이 커진 데다 취업난으로 농업에서 기회를 찾는 사람이 늘었기 때문으로 분석됩니다. 예능 프로그램에 비치는 전원생활의 고즈넉함도 동경을 키웠을 테고요.

로컬은 도시의 대안이 될 수 있을까요. 사람들이 로컬에 안착할 수 있다면 수도권으로의 쏠림 현상도 막을 수 있을지 모릅니다.

대도시를 떠나 로컬을 택한 한 청년이 있습니다. 충남 홍성군 홍동면에 사는 30대 청년 노승희 씨는 서울에서 나고 자란 서울 토박이입니다. 스물아홉 살이던 2018년, 승희 씨는 다니던 회사를 그만두고 내려간 홍성에 자리를 잡았습니다. 혼자 귀농 귀촌한 여성 농업인에게 임시 거주지를 제공하는 프로그램에 참여한 것이 계기였다고 해요. 대학 시절 졸업 논문을 준비하며 홍성을 방문했던 경험 덕분에 망설임은 덜했다고 합니다. 사실 그때만 해도 승희 씨는 홍성에 오래 살게 되리라고는 생각하지 못했다고 합니다. 가족과 지인들은 "계속 거기서 지낼 거냐."며 걱정했고요. 하지만 주변 반응과 달리 승희 씨는 홍성의 작은 마을에서 지내는 시간이 마음에 꼭 들었습니다. 4년이 흐른 지금 그는 홍동면의 한 오랜 한옥에 살며 다양한 활동을 벌이고 있습니다. 농약 없이 부추 농사를 짓고, 제로웨이스트(쓰레기 최대한 줄이기) 제품을 파는 가게를 열었습니다. 올해 봄부터는 지역의 한 대안학교에서 아이들을 가르치는 데도 참여하고 있습니다. 참 다채롭지요? 승희 씨는 '로컬 생활'에 대해 이렇게 말합니다.

"서울과 달리 지역에는 아직 비어 있는 공간이 있어요. 물리적인 공간 말고 지금 지역에 없는 어떤 것을 할 수 있는 공간이요. 지금 하는 활동들은 제가 서울에 살았다면 엄두가 안 났을 것들이에요. 하지만 지역에 있어서 시도해 볼 수 있었어요. 물론 그 어느 곳도 정답은 아니에요. 자신에게 맞는 선택지가 있다고 생각합니다. 직접 경험해 보지 않으면 알 수 없고요."

　도시인의 귀농 귀촌이 TV 프로그램에 비치는 것처럼 낭만적이기만 한 것은 아닙니다. 코로나19로 농촌에 대한 관심이 늘어난 2020년을 빼면 귀농 귀촌 인구가 정체 상태를 벗어나지 못하는 데는 이유가 있는 것이지요. 도시 자영업의 성공이 쉽지 않듯 귀농 귀촌 또한 장애물이 많습니다. 농촌에 정착하는 과정에서 자금 문제가 생길 수 있고, 교통이나 의료 시설 등 인프라가 부족해 생활에 불편을 겪을 수 있습니다. 또 도시와 농촌 간의 문화 차이로 인해 지역 주민들과 갈등을 빚는 사례도 많다고 해요.

　특히 여성들이 귀농 귀촌을 망설이는 이유는 따로 있습니다. 바로 농촌의 가부장적인 문화입니다. 농촌이 강요하는 전통적인 성 역할은 도시 문화에 익숙한 이들이 참고 견디기 버겁습니다. 마을회관에서 할머니들이 차리는 밥상을 받기만 하는 할아버지들을 목격하는 것은 예삿일이고, 결혼을 하지 않았다는 이유로 '비정상인' 취급을 받기도 합니다. 문제 제기도 쉽지 않습니다.

도시와 달리 일상에서 매번 부대끼며 살아야 하는 마을 공동체에서 불이익을 받을 수도 있으니까요.

지역 여성주의 단체 '문화기획 달'이 2018년 6월 농촌 여성 114명을 대상으로 실시한 설문조사 결과 89.5%가 농촌 성문화가 불평등하다고 답했습니다. '차별적인 성 역할 분담'(31.6%)을 가장 많이 꼽았습니다. '성희롱, 성추행 등 성폭력을 경험한 적이 있느냐'는 문항에 65.5%가 '그렇다'고 했습니다. 귀농 귀촌 인구를 늘리려면 성차별적 문화에 변화가 꼭 필요하다는 생각이 들지 않나요? 여성이 살기 좋은 곳은 누구에게나 살기 좋은 곳이 될 수 있거든요.

농업을 만만하게 보았다간 큰코다치기 쉬워요. 농사에는 상당한 육체노동이 필요합니다. 농기계 발달로 많은 부분이 자동화되었지만 여전히 사람 손이 없으면 안 되거든요. 도시의 사무실 책상에서만 일하던 사람이 귀농 후 육체노동을 하다 건강을 잃는 경우도 적지 않습니다. 마음 고생도 각오해야 합니다. 폭염과 가뭄, 태풍 등 자연재해가 발생하면 땀 흘린 보람도 없이 그해 농사를 망칠 수 있습니다. 무엇보다 기후 위기의 영향으로 작황이 점차 불안정해지고 있습니다. 2021년 연말 딸기 2kg당 도매 가격이 4만 원대를 기록하면서 1년 사이 50% 이상 올랐는데, 이상 기후에 따른 병충해 피해가 원인이었습니다.

작황의 불안정은 소득의 불안정으로도 이어집니다. 2021년 5

월 발표된 통계청 '2020년 농가경제조사'에 따르면 2020년 농가 소득은 평균 4,503만 원이었지만 농업으로 얻은 소득은 1,182만 원(26.2%)에 불과했습니다. 농업 외 사업 등으로 벌어들인 농외 소득이 36.9%로 가장 큰 비중을 차지했고, 공익직불제 등 이전 소득(공적·사적 보조금에 의한 소득)이 31.7%로 뒤를 이었습니다. 농사를 짓는 것만으로는 생계를 유지하기 어려운 실정입니다. 기업농·대농을 중심으로 이뤄지는 농업 정책이나 국내 농산물의 복잡한 유통 구조도 대부분 소농인 귀농인들을 어렵게 하는 요인입니다. 그래서 귀농인 중에는 농사 외에 다른 일을 병행하는 경우가 많습니다. 홍성에 사는 승희 씨가 여러 가지 일을 하는 것은 관심사가 다양하기 때문이지만, 농사만으로 얻는 수익이 크지 않기 때문이기도 합니다. 실제 2020년 농촌진흥청의 '농어업인 복지실태조사'에서 농업인들은 우선 필요한 정책 1위로 기초소득 보장(30.4%)을 꼽기도 했습니다. 여러분은 어떤가요. 농사만으로 생계를 꾸릴 수 없는 상황에서 귀농이나 귀촌을 대안으로 삼을 수 있을까요?

## 관계 인구, 대안이 될까

한편 귀농민과 같은 정주 인구 외에 '관계 인구'를 늘리려는 시도가 전국 곳곳에서 시작되고 있습니다. 관계 인구란 일시적인

방문을 넘어 지역, 지역민들과 지속적으로 다양한 연계를 맺는 인구를 말합니다. '한 달 살기'와 같은 단기 체류나 자원봉사 활동, 정기적 방문 등을 통해 관계 인구가 될 수 있습니다.

코로나19 이후 '한 달 살기' 문화가 확산하면서 소멸 위기에 놓인 지자체들은 관련 사업을 앞다퉈 도입하고 있습니다. 관계 인구를 통한 지역 활성화를 기대하는 거지요. 전남이 2019년부터 곡성 등 17개 시군에서 시작한 뒤 다른 자치단체로 퍼졌습니다. 2021년 들어서는 정부가 전국 80개 시군, 98곳을 선정해 지원에 나섰습니다.

관계 인구로 지역과 인연을 맺은 청년들 중 일부는 귀농과 귀촌을 결심하기도 합니다. 농촌에서 농사 말고도 자신의 재능을 살릴 기회가 있다는 것을 깨달을 수도 있습니다. 농림축산식품부에 따르면 2021년 '농촌에서 살아 보기' 프로그램에 참여한 도시민 649가구 중 73가구(11.3%)가 농촌 마을로 이주했습니다.

# 지역 정당

수도권 집중 현상의 대안 중 하나로 지역 정당의 역할도 강조되고 있습니다. 지역 정당이란 특정 지역을 기반으로 결성된 정당입니다. 중앙 정당과 비교해 지역과 주민 생활에 대한 이해도가 높고, 주민들의 활발한 참여를 이끌어 낸다는 점이 특징입니다. 지역 정당이 활성화되면 비수도권의 다양한 목소리를 반영함으로써 지방 자치 및 지역 균형 발전에 기여할 수 있습니다. 지역 정치가 중앙에 예속되는 것을 막고 지역주의 구도에도 변화를 가져올 수 있습니다.

하지만 한국에는 지역 정당이 없습니다. 사실상 지역 정당 설립을 가로막고 있는 정당법 때문입니다. 더불어민주당과 국민의힘, 정의당, 국민의당 등 현재 국회에 의석이 있는 원내 정당은 모두 전국 정당입니다.

현행 정당법 제3조는 '정당은 수도에 소재하는 중앙당과 특별시·광역시·도에 각각 소재하는 시·도당으로 구성한다.'고 정합니다. 정당의 중심 역할을 하는 중앙당을 반드시 수도인 서울에 두도록 한 것입니다. 또한 이 법은 각 1,000명 이상의 당원이 있는 시·도당을 5개 이상 갖추지 못할 경우 정당을 만들 수 없도록 하고 있습니다. 군소 정당의 난립으로 정치적 혼란이 나타날 수 있는 상황을 방지하기 위함입니다.

그러나 이 기준은 지역마다 천차만별인 인구 규모를 고려하지 않았다는 문제가 있습니다. 서울·경기 등 수도권은 인구가 많아 당원 확보가 비교적 수월하지만 비수도권 지역들에게 1,000명은 결코 만만치 않은 숫자입니다. 인구가 약 67만 명인 제주도의 경우 주민 1,000명당 1명씩 당원 가입을 하더라도 1,000명 기준에 한참 모자랍니다. 결국 정당법도 중앙·서울 중심적 사고에서 자유롭지 못한 것이지요. 이 같은 내용의 정당법이 지역 균형 발전을 저해한다는 비판이 오랫동안 제기돼 왔습니다.

　실제 해외 사례를 보면, 영국과 일본 등 풀뿌리 민주주의와 분권의 역사가 깊은 나라에서 지역 정당의 활동이 활발합니다. 두 나라의 지역 정당들은 주요 선거에서도 큰 활약을 하고 있습니다.

　우리나라에서도 지역 정당을 만들기 위한 노력은 꾸준히 있었습니다. 19대 국회 때인 2015년 지방선거 참여를 목적으로 하는 '자치 정당(지역 정당)' 설립을 허용하는 정당법 개정안이 발의됐습니다. 하지만 국회의 문턱을 넘지 못하고 폐기되고 말았습니다. 21대 국회에서도 유사한 내용의 법안이 발의됐습니다. 2021년 10월 민형배 더불어민주당 의원이 발의한 정당법 개정안입니다. 중앙당 소재지를 수도로 한정한 조항을 삭제하고 시·도당의 법정 당원 숫자를 각 지역의 인구 수준에 맞게 유연하게 적용하는 것이 개정안의 핵심입니다. 이 법안의 운명은 어떻게 될까요.

나오는 말

　몇 해 전 「내 친구의 집은 어디인가」라는 제목의 TV 예능 프로그램이 있었습니다. 한국에 거주하는 외국인 출연자들이 서로의 고향을 찾아가 여행하며 벌어지는 일들을 재미있게 담아 인기를 끌었어요. 친구 사이인 출연자들은 각자가 나고 자란 곳을 경험하며 서로를 한층 깊이 알게 되는 모습을 보여 주었습니다. 이전에는 미처 이해할 수 없었던 친구의 행동이 어디에서 비롯된 것인지 알 수 있게 된 거죠.

　이렇듯 '어디에서 태어나고 자랐는가', '어디에 사는가'는 우리의 정체성, 즉 아이덴티티에 매우 큰 영향을 미칩니다. 내가 살고 머무는 공간이 나의 많은 부분을 만들어요. 단순히 음식이나 문화에 대한 취향을 넘어 나의 생각이나 미래를 결정하기도 합니다. 어디에 사느냐는 그래서 참 중요합니다. 특히 우리나라처럼 지역에 따른 격차가 큰 경우는 더욱 그럴 거예요.

　여러분은 이 책을 읽기 전과 후 앞으로 살고 싶은 곳이 바뀌었나요? 편리한 인프라와 기회가 넘치는 수도권인가요, 아니면 남들과는 조금 다르게 '대안적 삶'을 꾸릴 수 있는 비수도권의 어느 로컬인가요. 마지막 장에서 예고된 암울한 미래 때문에 아예 우리나라를 떠나 제3의 국가에서 살고 싶어졌을 수도 있겠네요. 물론 정답은 없습니다. 우리 모두에게는 다양한 형태의 삶을 추구할 권리가 있으니까요.

사실 코로나바이러스가 확산한 이후 공간의 개념은 조금씩 허물어지고 있습니다. 그동안 대면으로 이뤄지던 각종 업무나 회의 등이 비대면으로 바뀌었습니다. 여러분들도 지난 2년간 학교에 가는 대신 집에서 온라인으로 수업을 들은 날이 많았을 거예요. 일(Work)과 휴가(Vacation)을 합성한 신조어 '워케이션(Workcation)'이 새로운 업무 형태로 각광받을 정도로 장소에 관계 없이 일상을 유지하는 사람이 크게 늘었어요. 비대면으로 모든 업무를 처리할 수 있다면 제주도에 거주하며 서울 강남의 회사에서 근무해도 되는 날이 올 수도 있습니다. 여기에 가상 공간을 매개로 한 3차원 가상 세계인 '메타버스'의 등장은 현실과 가상 공간의 경계까지 흐릿하게 하고 있어요.

하지만 물리적 공간은 여전히 절대적입니다. 그렇기에 어디에 사는지에 따라 박탈감을 느끼거나 스스로가 남들보다 많이 뒤처져 있다고 여기게 하는 사회는 결코 바람직하지 않습니다. 3장에서 살펴본 것처럼 병원이 없어 생명을 잃게 만드는 상황은 물론이고요. 교육받을 권리, 건강할 권리, 안전하게 일할 권리는 어디에 살더라도 보장되어야 합니다.

이 책을 읽으며 느낀 바는 아마 여러분이 어디 있는지에 따라 천차만별일 것입니다. 서울에서만 살았다면 비수도권이 처한 열악한 현실이나 절박감에 많이 놀랐을 거예요. 비수도권의 중소도시나 농어촌에 살고 있다면 '그래, 맞아' 하며 고개를 끄덕였을 테고요. 당연합니다. 잠시 여행을 다녀오는 것만으로 알 수 없는 것이 많아요. 내가 서 있는 자리에서 세상을 바라보는 것은 자연스러운 일입니다. 특히나 미디어가 온통 수도권에만 조명을 비추고 있는 지금 상황에서는요.

하지만 여러분은 이제 수도권과 비수도권 간의 격차와 그것이 우리들의 삶에 어떤 영향을 주는지 인지했습니다. 문제를 알아차린다는 것은 큰 진전이에요. 나아가 수도권, 그중에서도 서울을 가운데 놓고 모든 것을 사고하는 우리 안의 '수도권 중심주의'에 조금이나마 균열이 일어났기를 바랍니다. 이 균열은 오직 서울만 살아 있는 모습의 '신대한민국전도'가 더 이상 '정해진 미래'가 아니게 만들 것입니다.

생각이 찾아오는 학교 너머학교

## 생각한다는 것
고병권 선생님의 철학 이야기

고병권 글 | 정문주 · 정지혜 그림

## 탐구한다는 것
남창훈 선생님의 과학 이야기

남창훈 글 | 강전희 · 정지혜 그림

## 기록한다는 것
오항녕 선생님의 역사 이야기

오항녕 글 | 김진화 그림

## 읽는다는 것
권용선 선생님의 책 읽기 이야기

권용선 글 | 정지혜 그림

## 느낀다는 것
채운 선생님의 예술 이야기

채운 글 | 정지혜 그림

## 믿는다는 것
이찬수 선생님의 종교 이야기

이찬수 글 | 노석미 그림

## 논다는 것
오늘 놀아야 내일이 열린다!

이명석 글 · 그림

## 본다는 것
그저 보는 것이 아니라 함께 잘 보는 법

김남시 글 | 강전희 그림

## 잘 산다는 것
강수돌 선생님의 경제 이야기

강수돌 글 | 박정섭 그림

## 사람답게 산다는 것
오창익 선생님의 인권 이야기

오창익 글 | 홍선주 그림

## 그린다는 것
세상에 같은 그림은 없다

노석미 글 · 그림

## 관찰한다는 것
생명과학자 김성호 선생님의 관찰 이야기

김성호 글 | 이유정 그림

## 말한다는 것
연규동 선생님의 언어와 소통 이야기

연규동 글 | 이지희 그림

## 이야기한다는 것
이명석 선생님의 스토리텔링 이야기

이명석 글 · 그림

## 기억한다는 것
신경과학자 이현수 선생님의 기억 이야기

이현수 글 | 김진화 그림

## 가꾼다는 것
'내-생태계'와 함께 성장하는 이야기

박사 글 · 그림

## 차별한다는 것
차별을 알면 다름이 보인다

권용선 글 | 노석미 그림

## 듣는다는 것
음악으로 듣는 너의 이야기

이기용 글 | 이유정 그림

## 보여진다는 것
보는 나와 보여지는 나 사이에서 살아가는 법

김남시 글 | 이지희 그림

## 쓴다는 것
매일매일 더 나아지는 나를 위한 글쓰기

박철현 글 | 이윤희 그림

## 공감한다는 것
다름을 상상하고 연결하는 힘

이주언·이현수 글 | 키미앤일이 그림

그림을 그린 **전지** 선생님은
구도심에서 볼 수 있는 상황과 이야기를 채집합니다. 자세히 보여 주고 싶은 이야기는 만화로, 거리를 두고 보여 주고 싶은 이야기는 페인팅·드로잉·만들기로 표현합니다. 그리고 작품에는 늘 조금의 유머와 독백이 들어갑니다.

사진 제공: 노준희(51쪽), Wikimedia Commons(88쪽)

# 어디에서 살까

2022년 9월 10일 제1판 1쇄 인쇄
2023년 9월 20일 제1판 3쇄 발행

지은이       배문규 · 최민지
그린이       전지
펴낸이       김상미, 이재민

편집         서현미
디자인       민진기

종이         다올페이퍼
인쇄         청아문화사
제본         국일문화사

펴낸곳       (주)너머_너머학교
주소         서울시 서대문구 증가로20길 3-12 1층
전화         02)336-5131, 335-3366, 팩스 02)335-5848
등록번호     제313-2009-234호

ISBN 978-89-94407-99-9 44300
ISBN 978-89-94407-98-2 44300(세트)
www.nermerbooks.com

너머북스와 너머학교는 좋은 서가와 학교를 꿈꾸는 출판사입니다.